10 Millionen Farben:
Anschober ersetzt Ampel durch Corona-Farbspektrum

*Die besten Tagespresse-Meldungen*
*7. Band*

DiE**TAGESPRESSE**

10 Millionen Farben:
# Anschober ersetzt Ampel durch Corona-Farbspektrum

## Die besten Tagespresse-Meldungen

# 7.
### Band

Residenz Verlag

**Hinweis**

DiE**TAGESPRESSE** ist ein österreichisches Satiremagazin.
Ausnahmslos alle Artikel sind frei erfunden. Im Regelfall werden
nur Personen, die in der Öffentlichkeit stehen, beim Namen
genannt. Alle anderen Namen sind frei erfunden. Eventuelle
Namensgleichheiten mit Privatpersonen sind rein zufällig.

Bibliografische Information der Deutschen Nationalbibliothek
Die Deutsche Nationalbibliothek verzeichnet diese Publikation in
der Deutschen Nationalbibliografie; detaillierte bibliografische Daten
sind im Internet über http://dnb.dnb.de abrufbar.

www.residenzverlag.at

© 2020 Residenz Verlag GmbH
Salzburg – Wien

Umschlaggestaltung und grafische Gestaltung / Satz:
Joe P. Wannerer – BoutiqueBrutal.com
Umschlagbilder: Dragan Tatic / BKA (M), FrankHoermann / dpa Picture
Alliance / picturedesk.com, Herbert Neubauer / APA / picturedesk.com / (M),
Manfred Helmer / bildstrecke.at (M)
Schrift: Utopia
Lektorat: Maria-Christine Leitgeb
Gesamtherstellung: Euro PB sro

ISBN 978 3 7017 35211 1

# Vorwort

Liebe Leserinnen und Leser,

wenn Sie dieses Buch in Händen halten, haben Sie alles richtig gemacht. Wir wollen Ihnen nicht nur einen Rückblick auf das vergan-
gene Jahr bieten, sondern auch einen Ausblick auf das kommende.
Dank einer ausgeklügelten Big-Data-Auswertung (unser Büro-Waran
Günther hat alle Schlagzeilen aus *Krone*, *Heute* und *oe24* zerbissen
und neu sortiert) wagen wir an dieser Stelle eine Vorschau auf das
Jahr 2021, das, so viel müssen wir leider schon jetzt verraten, nicht
ganz so reibungslos ablaufen wird wie das Wohlfühljahr 2020.

Im Jänner kommt es zu einem Schwarzen Montag an den Börsen
(Magenta-Ausfall), die Monate Februar bis Mai fallen leider aus, da
Gernot Blümel sie im Budget vergessen hat. Im Juni kommt es zu
den Bank-Austria-Onlinebanking-Crashes Nummer 1347–1679, im
Juli leitet Wolfgang Sobotka den Wolfgang-Sobotka-U-Ausschuss.
Im August wagt die Commerzialbank Mattersburg den Gang an die
Börse, im September findet David Alaba endlich einen gutbezahl-
ten neuen Job und wechselt in den Vorstand der Casinos Austria, im
Oktober beichtet der Weihnachtsmann seinem Sohn, dass es Rendi-
Wagner nicht wirklich gibt, im November wird es laut Regierung
dann nur noch wenige Jahre dauern, bis die Homeoffice-Regeln
endlich fertig sind, aber wenigstens im Dezember kommt bei uns
bitte immer noch der Nikolo!

In diesem Sinne: Bleiben Sie gesund, tragen Sie auch weiterhin in
geschlossenen Räumen stets Schutzmaske und ein Eigenurinamulett.
Wir wünschen uns von Ihnen, liebe Leserin, lieber Leser, auch im
kommenden Jahr nichts als Ihre bedingungslose Treue, militärischen
Gehorsam und Ihr blindes Vertrauen.

Vielen Dank!

Fritz „Sebastian" Jergitsch    Sebastian „Jürgen" Huber
Jürgen „Fritz" Marschal

Chefredaktion

# Überall verdächtige Feuerwerke: Alexander Gaisch blockiert seit Stunden den Notruf

Foto: Polizei, Depositphotos

**Derzeit ist in ganz Österreich der Notruf blockiert. Der Grund: Der steirische Vize-Polizeichef Alexander Gaisch beobachtet seit Stunden Tausende verdächtige Feuerwerke, die er pflichtbewusst seinen Untergebenen zur Überprüfung meldet.**

WIEN / HAUSMANNSTÄTTEN – Wie jedes Jahr feiert Alexander Gaisch Silvester im Kreise seiner Liebsten im Spiegelkabinett des Wiener Praters. Als der „steirische Sherlock Holmes" (Zitat: *The Alexander Gaisch Magazine*, 12.3.2019; Book on Demand – Eigenverlag Gaisch & Gaisch & Gaisch) später jedoch in seine Heimat zurückkehrt, fliegen überall Böller.

### Notruf
„Ja, Alex Gaisch, guten Abend. Servus, grüß dich! Hallo? Melde Verdacht auf fehlende Genehmig... [Knall im Hintergrund] Hilfe! Babyraketenbeschuss! Aus dem Seniorenheim! An alle Einheiten: Hausmannstätten ist gefallen! Die Cobra soll die Senioren am Montag

um acht Uhr früh in mein Büro bringen! Trete taktischen Rückzug auf die Toilette an! … Kennst du mi jetzt oder ned?" Schon seit Stunden blockiert Gaisch mit Meldungen wie diesen den Notruf.

### Anarchie

Während Gaisch seine Beobachtungen meldet, können dringende Notfälle von der Polizei nicht mehr bearbeitet werden. Das Land versinkt im Chaos: In Graz findet offenbar eine Party statt, bei der die Musik (*Destiny's Child – Say My Name*) lauter als sechzig Dezibel aus den Boxen dröhnt. In Linz soll vor zwölf Minuten ein Fußgänger bei Rot über die Straße gegangen sein. In der Wiener U6 haben couragierte Fahrgäste einen Dreizehnjährigen in letzter Sekunde am Verzehr eines „Kebabs mit alles" gehindert.

### Schachzug

Mehr als vier Stunden blockiert Gaisch bereits den Notruf, bis es einem aufmerksamen Mitarbeiter der Zentrale durch einen klugen Schachzug doch noch gelingt, ihn zu beruhigen: „Herr Hofrat Professor Doktor Nobelpreisträger Erster-Mann-am-Mond Erfinder-des-Rades Erschaffer des Himmels und der Erdenkugel Gaisch, verstehen Sie doch, diese ganzen Feuerwerke, die sind doch alle nur für Sie. Weil die Österreicher Sie so gernhaben!" Gaisch legt zufrieden lächelnd auf, er hat die Ordnung im Alleingang wiederhergestellt.

# Schwerer Böllerunfall: Wiener (33) sprengt versehentlich Regierung

Foto: Depositphotos / pxhidalgo, Montage

**Die Silvesternacht hielt die Einsatzkräfte in ganz Österreich auf Trab. Ein besonders tragischer Fall sorgt in Wien für Aufsehen: Ein 33-jähriger Wiener sprengte mit illegalen tschechischen Schweizerkrachern versehentlich die neue türkis-grüne Regierung, bevor sie überhaupt angelobt wurde.**

WIEN – Als die Polizei gegen Mitternacht zum Ballhausplatz gerufen wird, ist es längst zu spät. Die neue Regierung liegt in Schutt und Asche. „Sie war doch noch so jung! So unschuldig! Was hast du getan, du Waldviertler Monster!", brüllt der geschockte Augenzeuge Werner K. und weint um sein Regierungsprogramm.

Der amtsbekannte Wiederholungstäter Sebastian K. (33) steht emotionslos daneben. Den Behörden gegenüber spricht er von einem „versehentlichen Versehen".

## Verhör

Gegen acht Uhr früh waren die Beamten ausgenüchtert und konnten den Täter befragen. Als Motiv nennt Sebastian K. jugendlichen Übermut, beflügelt durch gute Umfragewerte.

Laut Amtsarzt war das Urteilsvermögen von K. zum Tatzeitpunkt stark eingeschränkt: „Der Verdächtige hatte siebzehn Jeannée-Kolumnen und drei *Kurier*-Leitartikel auf Ex konsumiert, die ihn in einen massiven Machtrausch versetzt haben. Er wollte dann aus reinem Opportunismus ein paar Erstwähler beeindrucken, indem er irgendwas sprengt."

## Justizskandal?

Doch Sebastian K. ist kein unbeschriebenes Blatt: Frühere Opfer sind schockiert, dass der Intensivtäter noch nicht aus dem Verkehr gezogen wurde. „Vor drei Jahren hat er bei uns im Ministerrat drinnen den hochexplosiven tschechischen Böller ‚Sobotka 3000' gezündet", erinnert sich der Betroffene Christian K. zurück.

Er überstand die Explosion nur deshalb unbeschadet, weil er schon bei seinem Eintritt in die Politik auf beiden Ohren taub war. Sein Freund Django hatte weniger Glück: Er wurde bei der Explosion bis nach Oberösterreich zurückkatapultiert.

Auch der Wiener Frühpensionist und ehemalige E-Sportminister Heinz-Christian S., der jahrelang als Lieferant für Sebastian K. arbeitete und diesem regelmäßig Wähler brachte, kann über den gefährlichen Hobby-Sprengmeister berichten: „Bei ihm klescht's ärger als bei ‚Clash of Clans'. Letzten Sommer hat er uns alle in die Luft gesprengt, nur weil ihm mein Urlaubsvideo nicht gefallen hat."

# Raketenstart aus Arsch: NASA interessiert an oberösterreichischer Technologie

Foto: YouTube/Montage

**Die Bilder des Oberösterreichers, der eine Feuerwerksrakete zwischen seinen Pobacken zündete, gehen um die Welt. Jetzt erregt die Innovation sogar die Aufmerksamkeit der Raketenforscher der NASA.**

CAPE CANAVERAL/WELS-LAND – Bisher musste die NASA bei Raketenstarts auf teure Startrampen zurückgreifen. Doch die Erfindung eines oberösterreichischen Jungforschers könnte dies ändern. „Das wird die Raumfahrt revolutionieren, demokratisieren. Schon bald kann jeder seine eigenen DIY-Raketen ins All schießen", erklärt NASA-Forscher David Fischer, während er das Video aus Österreich vor 800 staunenden Kollegen präsentiert.

„Unseren Videoanalysen zufolge stabilisiert humanes Fettgewebe die Flugbahn einer Rakete verlässlicher als alle bisher bekannten Materialien", so Fischer, der zuversichtlich ist, auch das Problem mit dem schwarzen Loch in der Mitte lösen zu können.

**Effizienter**

„Beim Start benötigen wir als Treibstoff kein Kerosin mehr, sondern lediglich etwas Schwarzpulver und sieben Liter vergorenen Gerstensaft, um das Vernunftzentrum im Zentralcomputer der humanen Startrampe auf Minimalleistung herunterzufahren", so der NASA-Forscher weiter. „Ein Start kostet bald nicht mehr zwei Milliarden, sondern nur noch EUR 11,90" (Anm. der Red.: Preis einer Kiste Bier im Hofer Wels-Süd). Minutenlanger, tosender Applaus. Eine Delegation aus hochrangigen NASA-Mitarbeitern ist derzeit nach Wels-Land unterwegs, um das bisher unbekannte Genie hinter dieser intellektuell herausragenden Konstruktion ausfindig zu machen und noch vor Russland und China zu rekrutieren.

**Trainingscamp**

Schon diese Woche startet unter der Leitung mehrerer extrem betrunkener Österreicher ein eigenes Trainingscamp. Kandidaten müssen in der Lage sein, in der Zentrifuge der NASA unter Einfluss enormer G-Kräfte einen Biertrichter zu leeren und King's Cup zu spielen.

Die NASA rekrutiert dafür nur die Elite: „Wir haben den Maxl Stubhofer aus Leoben, der hat letztes Jahr betrunken einen Schweizerkracher in den Ohren explodieren lassen. Wir hoffen, wir sind schneller als die Russen mit ihrem sibirischen Draufgänger Juri Gudenow, der selbst unter dem Einfluss von zwölf Wodka-Bull und fünf Lines Marschierpulver noch ganze Regierungen in die Stratosphäre sprengen kann."

# Hattrick knapp verfehlt: Dritter Weltkrieg nicht durch Österreich verursacht

Foto: Wikipedia

**Schade: Der Dritte Weltkrieg wird dem Anschein nach nicht von Österreich ausgelöst. Der talentierte Newcomer Donald Trump stürzt den Nahen Osten mit geschickter Hand in einen überregionalen Krieg. In ganz Österreich herrscht Enttäuschung über die vergebene Chance auf den historischen Hattrick.**

WIEN – Dabei begann alles vielversprechend mit der Kriegserklärung Österreichs an Serbien im Jahr 1914, die zum Ersten Weltkrieg führte. Auch der Zweite Weltkrieg, ausgelöst durch Lokalmatador Adolf Hitler, ging auf das rot-weiß-rote Konto und ließ die Hoffnungen sowie halb Europa aufflammen. Doch jetzt ist ein Hattrick laut Mathematikern theoretisch erst wieder mit dem Sechsten Weltkrieg möglich. Diesen erwarten Historiker nicht vor 2050.

## Verfehlungen

„Österreich hat sich zu lange auf seinen Lorbeeren ausgeruht", beklagt Historiker Bernd Eilbauer. Er sieht jahrelange Versäumnisse im Bildungsbereich als Grund für den Leistungseinbruch nach 1945. „Wir verweichlichen unsere Kinder mit Ethikunterricht und demokratischen Grundwerten. Gewalt spielt in der Schule keine Rolle mehr. Viele Kinder sehen ihr erstes Klappmesser erst mit 16 Jahren, wenn sie mal mit der U6 fahren. Echte Gewalterfahrungen werden oft erst mit der ersten eigenen Wohnung gemacht, wenn die GIS vorbeikommt."

Als Vorbild dagegen betrachtet Eilbauer die Frühförderung in den USA: „Dort wird der langweilige Frontalunterricht in der Schule regelmäßig aufgelockert durch einen Amoklauf. Zu jedem Handyvertrag gibt es ein Sturmgewehr gratis dazu. Das ist die Gesellschaft, die den Nährboden schafft für couragierte Weltkriegsverursacher wie Donald Trump."

## Ministerium wehrt sich

Österreichs Bildungsministerium lässt diese Kritik nicht auf sich sitzen: „Seit Jahren sammeln wir Tipps von Experten, wie wir die Qualität unseres Schulsystems verbessern können, und machen dann genau das Gegenteil", rechtfertigt sich ein Sprecher. Er verweist auch auf den totalen Aufnahmestopp an der Wiener Kunstakademie, um mehr narzisstisch gekränkte Seelen hervorzubringen.

# Nach Rückzug von Harry: Strache bietet Queen Übernahme der royalen Aufgaben an

Foto: Parlamentsdirektion / Photo Simonis, Andy Wenzel / BKA, Montage

**Harrys und Meghans Entscheidung, die royalen Verpflichtungen zurückzulegen, sorgt in Großbritannien für Entsetzen. Doch nun erhält die Queen Unterstützung aus Österreich. Heinz-Christian Strache bringt sich auf Facebook ins Gespräch und bietet die Übernahme der königlichen Aufgaben an.**

WIEN / LONDON – „Ich biete dem britischen Königshaus an, die Agenden von Prinz Harry zu übernehmen und sechster Thronfolger in der Rangfolge des britischen Königshauses zu werden. Machen wir eine basisdemokratische Abstimmung!", schrieb Strache um vier Uhr früh auf seinem Facebook-Profil. Danach bearbeitete er ein Rufzeichen des Beitrags noch bis neun Uhr.

„Was muss man als Royal schon groß tun? Bissl Gold herumchauffieren, Spesenrechnungen anhäufen und den ganzen Tag an den Kronjuwelen herumspielen. Hallo? Klingelt's? Ich bin euer Mann", bekräftigt der Klosterneuburger Royal sein Vorhaben heute Morgen.

**Hoch qualifiziert**

„In mir fließt selbst blaues Blut, mehr als ein Liter mindestens schon", grinst er und zeigt uns einige leere Flaschen Blaufränkischen aus dem Burgenland, die gemeinsam mit mehreren Heizschwammerln und einer Luftmatratze in Straches Pool auf und ab schwimmen, wo er die Pressekonferenz anberaumt hat.

„Ein HC kommt natürlich nicht alleine, sondern ich hab da ein Package im Angebot", erklärt er. Mit im Gepäck hat er seinen prominenten Hofstab aus Wien, etwa die ehrenamtliche Fuchsjagd-Beauftragte Philippa Strache, den Hofnarr Joschi und den treuen Jagdhund Harald.

**Queen überlegt**

Aus London vernimmt man, dass die Queen dem Angebot nicht gänzlich abgeneigt ist. „Alte Nazifotos, wilde Kokaingerüchte, auf Kosten der Bevölkerung ständig neue Luxuskleidung bestellen – wie mein kleiner Harry", lächelt Elisabeth II., während sie Fotos von Strache betrachtet.

Schließlich entscheidet sie sich jedoch für einen zweiten Bewerber aus Österreich, der mit einer umfassenden PowerPoint-Präsentation überzeugen konnte. Der adelige Herzog Andi I. wird noch diese Woche seine Gemächer im Kensington Palace beziehen.

# Statt Mohammed: FPÖ veröffentlicht Liste mit akzeptierten Babynamen

Foto: Depositphotos, Montage

**Die FPÖ schlägt beim Neujahrstreffen in Oberwart Alarm, denn immer mehr Babys heißen Mohammed. Doch besorgte Eltern können aufatmen: Die Partei enthüllt jetzt eine Liste mit genehmigten Babynamen, die sorgenlos verwendet werden dürfen.**

| | |
|---|---|
| Seppi | Eugenik |
| Peppi | Herberit |
| Seppipeppi | Thormas |
| Neppi | Darier-Darier |
| Willymsky | John Ottifried |
| Dahamlet | Slobodan Milošević |
| Gerwaldtraut | Heilmut |
| Einzelfalco | Schilling |
| Stahlhelmine | Schnitzel |
| Vladimira-Putingrid | Hulapalukas |

# „Scheiß Hackn": Prinz Harry will nach einem Tag in echtem Job wieder Royal sein

Foto: Depositphotos_181845528_l-2015-1536x864

**Erst gestern erlaubte Queen Elisabeth II. ihrem Enkel Harry, seine Funktionen als Royal niederzulegen und finanziell unabhängig zu werden. Doch nach nur wenigen Stunden am Arbeitsmarkt legt Harry eine Kehrtwende hin und fleht, in den Schoß der Königsfamilie zurückkehren zu dürfen.**

LONDON – „Dürfen's auch elf Deka sein – geh bitte, scheiß drauf, schneiden S' sich Ihre Extrawurst selbst auf, ich geh heim", sagt Prinz Harry entnervt, schmeißt seinen Arbeitskittel auf den Boden und verlässt die Supermarkt-Filiale in Hackney.

„Ich pack die scheiß Hackn nicht. Ich hab über dreißig Jobs ausprobiert, aber einer war schlimmer als der andere. Warum machen das alle? Sind die geistesgestört? Lohnarbeit ist die Hölle", so Prinz Harry, während er sich von einem Diener am Pissoir im Kensington Palace den Penis abschütteln lässt. Der königliche Spross hat sich an nur einem Arbeitstag einen Bandscheibenvorfall, eine massive Schlafstörung und eine suizidale Depression zugezogen.

DiE**TAGESPRESSE**

## „Revolution starten"

„Bei meinem Job an der Kassa hab ich gedacht, ich dreh durch. Warum muss ich mir für einen Hungerlohn den Rücken kaputtmachen, während sich der Supermarkt-Eigentümer das dritte Flugzeug kauft? Ich war so knapp dran, eine Revolution zu starten, um die Diktatur des Großkapitals zu zerschmettern. Aber dann ist mir zum Glück eingefallen, dass ich eh urreich bin, hahaha. He, du, mich juckt's da", schreit Harry. Sein Diener kratzt ihn mit gequältem Lächeln am Hodensack.

Irritiert zeigte Harry sich auch über die Gepflogenheiten im Restaurant: „Ich hab ganz normal die mit Fuchstränen gefüllten Weinbergschnecken bestellt, aber als ich gehen wollte, brachte der Kellner mir so einen Zettel mit Zahlen drauf, und dann wollte er dafür noch so ein paar andere Zettel mit Gesichtern von toten Menschen und alten Gebäuden drauf. Ich glaube, sie nennen es da draußen ‚Geld' oder so."

## Zweite Chance

Im Buckingham Palace will man dem verlorenen Sohn eine zweite Chance geben, wie Queen Elisabeth II. erklärt: „Jeder von uns probiert irgendwann mal verrückte Sachen aus, will sich ausleben. Auch ich hatte als Jugendliche mal eine rebellische Phase und habe mir die Haare selbst frisiert, anstatt, wie vorgesehen, auf meine 142 642 Haarzofen zurückzugreifen, von denen jede für ein Haar zuständig war."

# Bizarre Szenen auf Wiener Postamt: Grüne geben sich selbst auf

Foto: Christian Stemper, Parlamentsdirektion / Photo Simonis

**Nicht schlecht staunten Kunden einer Postfiliale heute in Wien. Vizekanzler Werner Kogler und Grün-Politikerin Sigrid Maurer verpackten sich selbst in Kartons und gaben sich auf. Auf Nachfrage verwiesen sie auf das Regierungsprogramm, das die völlige Selbstaufgabe der Grünen in bisher nicht bekanntem Ausmaß vorsieht.**

WIEN – „Einmal Päckchen Eco L Inland", sagt Werner Kogler. „Verzeihung, aber da fehlt noch die Zustelladresse", weist ihn eine Postangestellte hin. „Ah ja, na dann schreiben Sie einfach: ‚Raus aus dem Parlament', steht alles im Regierungsprogramm." „Das ist sehr unkonkret, Herr Kogler, geht's auch genauer?" „Na, für die Adresse werden wir jetzt keinen U-Ausschuss brauchen, oder, haha", antwortet Kogler, der jedoch vehement auf grüne Handschrift auf dem Paket besteht.

Der Vizekanzler zieht sich die Schuhe aus und verbiegt sich wie ein filigraner Balletttänzer, um in die Box zu passen. „Geh, Sigi, machst mir bitte den Deckel zu, damit ich a Ruah hab von de Paparazzi. Sodala, Mahlzeit", sagt Kogler und packt ein McDonalds-Sackerl aus.

### „Österreichs schönste Asylzentren"

„Als Briefmarkenserie hätten wir momentan ‚Österreichs schönste Asylzentren' im Angebot, welches Motiv darf's denn sein?", fragt eine Postmitarbeiterin. Die grüne Klubobfrau Sigrid Maurer überlegt mehrere Minuten. „Hm, die Motive sind natürlich alle fragwürdig, aber wir müssen uns ja irgendwie aufgeben, dann nehmen wir bitte die kleinen Asylzentren, die sind cool. Kleben die auch gut?" „Wir haben da die normalen Briefmarken oder die mit Sicherungshaft." „Dann bitte die mit Sicherungshaft, sicher ist sicher."

### Ausweis vergessen

„Keine Sorge, ich hol euch später aus der Abholstation ab", verspricht Sebastian Kurz seinen Regierungspartnern. „Ojemine, ich hab meinen Ausweis daheim liegen lassen. Na, dann brauchen wir wohl eine Neuwahl, mir bleibt keine Wahl. Die Post bringt allen was, mir zum Beispiel die Absolute im Herbst 2020", lacht Kurz und verlässt die Filiale.

# Ist er einem Betrüger aufgesessen? Pariasek kann Pepwick McDempsi nicht im Internet finden

Foto: ORF TVThek / Screenshot

**Noch vor zwei Tagen glaubte sich ORF-Reporter Rainer Pariasek am Höhepunkt seiner Karriere, als er in Kitzbühel den bekannten US-Schauspieler Pepwick McDempsi vor das Mikrofon bekam. Doch einige Google-Suchen später folgt die Ernüchterung: Der vermeintliche Hollywood-Star ist nirgends aufzufinden. Ist Pariasek einem Betrüger aufgesessen?**

SCHLADMING – „P-E-P-, so, die Hälfte vom Vornamen hätt' ma schon mal geschafft", lacht Pariasek zufrieden und schiebt sich seine Lesebrille wieder nach oben. Mit einem Zeigefinger tippt er den restlichen Namen vierzig Minuten lang in sein iPad ein. „Null Treffer für Pepwick McDempsi, des gibt's ja ned, dass den ned gibt, des war a Betrüger."

Pariasek recherchiert weiter, doch ohne Ergebnis. „Der hat doch mitgespielt in dieser Arztserie, Greisen-Embolie ... na, das gibt's ja ned. Kein Treffer bei IMDb. Auch ned für seinen Spitznamen McDwimy. Is des a Glitsch in der Mätrix?"

**Spurensuche**

Die Spurensuche führt den ORF-Star zurück ins Jahr 2017. „Da hab ich den Pepwick McDwimy McDemspi schon einmal gesehen, und zwar bei der Abfahrt in Bieber Quiek. Ich werd den schon noch erwischen, weil wie sagt man so schön: ‚Fohl me once, schäm on me, fohl me tweis, schäm also on me.'"

**Prävention**

Um ab sofort keinem weiteren Schwindler mehr aufzusitzen, hat sich der ORF-Moderator weitergebildet. „Ich hab mir auf dieser Videoseite Jyiuthiyuupp einen Beitrag über Online-Betrug von Galileo aus 2003 angeschaut, es gibt ja ziemlich viele gemeine Betrugsarten. Am meisten Angst hab ich da persönlich vor Speibware und Phisting."

**Professioneller Auftritt**

Die Fortbildung hat sich offensichtlich ausgezahlt. „Ich bin viel vorsichtiger, und mein Auftritt ist noch professioneller geworden", erklärt Pariasek, als neben ihm plötzlich Barack Obama auftaucht, der für den morgigen Nachtslalom in Schladming angereist ist. „You are not Bawag Owama, you are not Bawag Owama", schreit Pariasek, stürzt sich auf ihn und versucht, ihm eine Maske abzuziehen. Mehrere Secret-Service-Agenten ziehen den ORF-Reporter weg und fixieren ihn am Boden. „Stop sis, I am protected by se GIS!"

# Konkurrenz für ÖBB: Liliputbahn startet Nachtzug nach Brüssel

Foto: Gugerell/Wikipedia, Montage

**Nachtzüge kommen wieder in Mode. Nach den ÖBB startet jetzt auch die Liliputbahn im Prater mit einer Nachtzugverbindung nach Brüssel. In einer Fahrzeit von 112 Stunden gelangen Reisende bequem vom Herzen des Wurstelpraters direkt in die europäische Hauptstadt.**

Acht Uhr früh. Die Liliputbahn ist bereits kurz vor St. Pölten. Mit zehn Kilometern pro Stunde arbeitet sich die Dampflok durch das Tullnerfeld, als der Schaffner ein Frühstück serviert. Zur Auswahl stehen Lángos und Zuckerwatte. Aufgrund eines nächtlichen Schneesturms sind sieben Consultants in den offenen Waggons erfroren.

### Zufriedene Kunden

„Das ist ein fantastischer Deal, unser Kind Nr. 3 ist gerade sieben Jahre alt geworden und jetzt haben wir es gleich mal in den Zug zum Finanzlobbying-Praktikum gesetzt, früh übt sich, wer ein Meisterwichser werden will", erzählt Herr Wichtig, erfolgreicher Pharma-Lobbyist aus Wien-Döbling.

**Weitere Anbieter**

Auch Hans Peter Haselsteiner ist auf die Strecke aufmerksam geworden und hat ein neues Joint Venture gelauncht: die Liliputwestbahn. Sie kostet genauso viel wie die Liliputbahn, hat aber nach einem Tag schon von einem Halbstundenrhythmus auf einmal im Quartal umgestellt.

**Ankunft**

Nach nur 112 Stunden rollte die Liliputbahn schließlich im Hauptbahnhof von Brüssel ein. „Tja, meinen 9-Uhr-Termin hab ich verpasst", sagt ein Geschäftsmann im Anzug. „Aber nach dieser Reise, auf der ich dem Tod in seine kalten Augen geschaut habe, erkenne ich, wie wertvoll das Leben ist, wieso vergeude ich meine Zeit in seelenlosen Meetings? Ich kündige und geh auf Weltreise, scheiß auf McKinsey!"

# „Finde sonst niemanden": Lugner bringt Coronavirus zum Opernball

Foto: Ronald Zak / AP / picturedesk.com

**Die Suche nach einer passenden Opernballbegleitung verläuft für Baumeister Richard Lugner heuer nicht nach Plan. Der US-Skistar Lindsey Vonn sagte ihm via Twitter ab. Als Notlösung präsentiert der umtriebige Unternehmer jetzt das Coronavirus als charmante Begleitung zum Ball der Bälle.**

WIEN – Bei einer Pressekonferenz beschreibt er das magische erste Treffen: „Ich habe das Virus in der U6 kennenlernen dürfen. Wir haben auf Anhieb eine tiefgehende Verbindung gespürt, ich hab danach am ganzen Körper gezittert und mir war sehr warm ums Herz, so was hab ich noch bei keinem anderen Gast gespürt", freut er sich. Medien tauften die neue Liebschaft Lugners „Zitteraal".

Mittlerweile verbrachte er auch privat viel Zeit mit seinem internationalen Stargast aus dem fernen China: „Er raubt mir den Atem, ich bekomme kaum Luft, kann nicht klar denken. Wir wollen zusammenbleiben, bis der Tod uns scheidet."

Beim Opernball möchte Lugner sicherstellen, dass auch alle anderen anwesenden Ballgäste eine Gelegenheit zum gegenseitigen Kennenlernen erhalten: „Ich möchte das Virus am liebsten mit der ganzen Welt teilen, jeder Gast am Opernball soll ein Tröpfchen abbekommen. Ich fühl mich so euphorisch, ich möchte jeden abbusseln."

## Medien jubeln

Unter Medien sorgt die Entscheidung für Jubel. *oe24.at* titelte: „Endlich: Todes-Todes-Todes-Chinesen-Virus erreicht Österreich. Hoffentlich sterben wir alle." Für jeden Fall der Erkrankung in Österreich wird es einen eigenen Liveticker geben.

„Wir haben außerdem schon alle Stockfotos von Frauen mit Kopftüchern und Atemschutzmasken aufgekauft, damit die Corona-Schlagzeilen für die Zielgruppe maximal apokalyptisch einefoahn", lacht Herausgeber Wolfgang Fellner.

## Eklat

Doch bei einem Besuch in der Lugner City kommt es zum Eklat. Das Virus kommt während eines Mittagessens beim Running Sushi unter ungeklärten Umständen ums Leben. Lugner steht wieder ohne Gast da, die Suche beginnt von Neuem.

# Kein Gewerbeschein: Ausbreitung des Coronavirus in Österreich laut WKO nicht möglich

Foto: Guenther PEROUTKA/WirtschaftsBlatt/picturedesk.com, Depositphotos

**Ist die ganze Panik um das Coronavirus umsonst? Geht es nach der WKO, kann man dies mit einem klaren Ja beantworten. Laut der Kammer ist eine Ausbreitung rechtlich gar nicht möglich, bis dato verfügt das Virus über keine gültige Gewerbeberechtigung.**

WIEN – Johannes Capek, Vorsitzender der WKO-Innung für Krankheitserreger, hält eine baldige Ausbreitung gegenüber dem ORF für ausgeschlossen: „Es gab beim Bezirksamt noch keinen Antrag auf Ausstellung eines Gewerbescheins." Diese sei nur mit entsprechendem Befähigungsnachweis wie etwa einem Medizinstudium oder einem Parteibuch möglich.

Er freue sich jedoch jederzeit über neue Mitglieder und würde den motivierten Zuwachs aus Fernost „mit offenen Armen" empfangen. „Gerade im Virussegment sind wir derzeit ohnehin schlecht aufgestellt. Sowohl die Hollabrunner Teufelskrätze als auch die Innviertler Hodenmade und leider auch die Kärntner Nazipest konnten sich am Markt nicht so recht durchsetzen."

## Bürokratiedschungel

Recherchen zeigen: Tatsächlich hindern vor allem bürokratische Hürden das Virus an einer Ausbreitung. „Herr Corona, Sie woll'n sich bei uns niederlassen? Expandieren? Wos fia a Gewerbe san Sie? A Virus? Aha aha, und des mochen S' als Einzelunternehmer oder als GmbH? 890 Millionen Außendienstmitarbeiter? Da brauch ma leider für jeden a eigenes Formular", erklärt ein Magistratsbeamter dem Coronavirus und startet seinen Tintenstrahldrucker, der sogleich den Geist aufgibt. „Ups, Patrone leer. Leider derf I de ohne Bewilligung vom Abteilungsleiter ned austauschen, und der is seit 2014 tot. Kumman S' vielleicht morgen wieder?"

Eine Anfrage der **TAGESPRESSE** beim Finanzamt, ob das Virus auch eine Registrierkasse braucht, quittiert der Pressesprecher nur mit lautem Lachen und legt auf.

## Mahrer in Wuhan

WKO-Chef Harald Mahrer kann die Situation in Österreich derzeit nicht beurteilen, DiE**TAGESPRESSE** erreicht ihn in Wuhan. „Ni Hao, was gibt's? Ni Hao heißt übrigens Harald Mahrer auf Chinesisch, alle da begrüßen mich immer so nett", lacht das Multitalent. „Ich hab da einen neuen Job gekriegt bei der chinesischen SVA, extrem gut bezahlt, warum, weiß ich auch nicht. Aber die suchen da offensichtlich ganz dringend jemanden, und ich hab noch zwanzig bis dreißig Sekunden in der Woche Zeit."

## Industrie kritisch

Während sich das Virus in aller Welt ausbreitet, hinkt Österreich hinterher, kritisiert Georg Kapsch von der Industriellenvereinigung: „Wir blamieren uns mal wieder. Da kommt ein motivierter Einwanderer, der rund um die Uhr arbeiten will. Dabei wäre eine Grippewelle doch eine pragmatische Maßnahme zur Senkung der Pensionsausgaben und ein wichtiger Impuls für die Grippemaskenhersteller." Er fordert die Regierung auf, innovativen Viren mit Förderungen unter die Arme zu greifen.

# Kulturgut in Gefahr: Immer weniger Skifahrer gehen mit zwei Promille auf die Piste

Foto: Depositphotos

**Seit Jahrhunderten ist betrunken Skifahren untrennbar mit dem österreichischen Brauchtum verbunden. Doch Klimawandel, aber auch der Verfall der Werte unter jungen Menschen bringen dieses Kulturgut jetzt in Gefahr. Könnte die Tradition schon bald in Vergessenheit geraten?**

OBERÖSTERREICH – „Es gibt nix Schenas ois noch fünf bis zwanzig Stamperln Zirben aus da Hittn aussi und im Schuss die schwoaze Pisten obi", weiß Peter Gleis aus dem Salzkammergut. Er ist gerade mit seiner Familie am Kasberg unterwegs.

Zwei seiner Söhne wurden bereits von der Bergrettung ins Tal geflogen. „Haha, da Seppi, der Mostschädl, hot a bissl zvü dawischt und is in a Kindergruppn eini, do san die Fetzn gflogen, so was mocht oan stoiz ois Vota."

### Brauchtum in Gefahr
Warum verschwindet dieser Brauch allmählich? Experten sehen die Schuld etwa im Klimawandel, der die Schneedecken schmelzen

lässt, sodass viele besoffene Skifahrer auf das Mountainbike umsteigen müssen.

Doch Dr. Martin Kohl vom Institut für Lebensfreude und Alkoholismus der Universität Flachau ortet auch einen Werteverfall unter jungen Menschen: „Wer ohne jedes Verantwortungsgefühl seine Mitmenschen gefährdet, der gilt neuerdings als ‚uncool‘“, kritisiert er. Jugendliche würden sich teils sogar gegenseitig anstacheln, vor der Abfahrt auf Alkohol zu verzichten.

Kohl fordert daher Aufklärungskampagnen an Schulen, will aber auch auf prominente Vorbilder setzen. So könnte etwa der Antritt beim Skiweltcup unter zwei Promille untersagt werden.

**Gegenmaßnahmen**

Auch die ständig steigenden Preise für Skikarten bedrohen die weltbekannte, von der UNESCO anerkannte Kulturtechnik des stark alkoholisierten Schussfahrens. „Wir müssen da gegensteuern und den jungen Leuten wieder Lust auf Selbstüberschätzung, haarsträubende Manöver und leidenschaftliche Fremdgefährdung machen“, sagt der Kitzbühler Après-Ski-Wirt Harald Klopfer. „Deshalb bekommen alle unter 16 bei uns zu jedem Skipass eine Sechzigerpackung Kleiner Feigling dazu, das ist ein sehr leckeres Jugendgetränk, meine Dreijährige bekommt gar nicht genug davon.“

# Frisur zerstört: Kurz vermutet geheimes SPÖ-Netzwerk in Orkan

Foto: HELMUT FOHRINGER / APA / picturedesk.com

**Die nächste unfaire Attacke auf Bundeskanzler Sebastian Kurz! Nach den Ermittlungen der Wirtschafts- und Korruptionsstaatsanwaltschaft gegen mehrere ÖVP-Granden wurde Kurz heute Mittag von Orkan „Sabine" angegriffen. Er vermutet ein geheimes SPÖ-Netzwerk hinter der Zerstörung seiner 600-Euro-Frisur.**

WIEN – „Gel, Taft, Kampel!", brüllt der eingeflogene Starfriseur Hosea Ratschiller verzweifelt. Während der Kanzler vor dem Bundeskanzleramt aufgeregt in der stabilen Seitenlage telefoniert, reanimieren mehrere Ersthelfer seine 600-Euro-Frisur. „Oh Gott, das ist die schlimmste Katastrophe seit 2008, da hat das Föntief ‚Horst' den Grasser bei einem Tennismatch überrascht. Er war seitdem nie mehr derselbe."

Weil der Verdacht besteht, SPÖ-Netzwerke könnten politischen Einfluss auf den Orkan ausüben, will sich der Friseur jetzt an seinen langjährigen Freund, Sektionschef Christian Pilnacek, wenden, um politischen Einfluss auf den Orkan auszuüben.

**Beweise**

Nach der erfolgreichen Reanimation seiner Haarpracht erklärt Kurz in einem Hintergrundgespräch mit Journalisten: „Ja, es stimmt, der Orkan ‚Sabine' wird direkt aus der Löwelstraße gesteuert." Seinen Vorwurf untermauert der Kanzler mit Beweisen: „Ich hab da einen ausgedruckten Wetterbericht aus dem ORF-Teletext von 1997. Sehen Sie diese roten Kreise da auf der Karte? Ohne Worte!"

**Rote Sabine**

„Die Frisur von Sebastian ist die Stütze unserer Republik", erklärt ÖVP-Innenminister Karl Nehammer und wettert gegen die „Rote Sabine", wie der Orkan intern genannt wird.

„Die politische Schlagseite ist eindeutig", sagt Nehammer weiter und deutet mit einem goldenen Mont-Blanc-Zeigestab auf den Wetterbericht. „Der Orkan ist linksdrehend, er zerstört Eigentum und er ist von der Beschaffenheit her windig, sehr windig sogar, genauso wie die SPÖ-Leute. Brauchen Sie weitere Beweise? Ich kann gerne noch mehr erfinden."

**Aussprache**

Doch was ist dran an den Vorwürfen? Wird das Wetter tatsächlich von einem roten Netzwerk kontrolliert? Das soll eine für heute Nachmittag geplante Aussprache mit Meteorologen der Hohen Warte klären. Davor will sich Kurz noch mit den türkisen Netzwerken in Raika, Signa, KTM, Glock, *Krone*, *Kurier*, Innenministerium, WKO und der Industriellenvereinigung beraten.

# Nerven verloren: Bankräuber bricht Überfall wegen langsamer Bank-Austria-IT ab

Foto: Polizei/Montage

**Was als ganz normaler Banküberfall begann, endete mit einem Eklat: Ein Bankräuber wollte heute Vormittag in Wien-Meidling eine Filiale der Bank Austria ausrauben. Doch die langsame IT verzögerte den Überfall um Stunden. Schließlich verlor er die Nerven und ergriff die Flucht.**

WIEN – „Ich kann so nicht arbeiten", klagt Gerhard B. (36) unter Tränen im Interview mit der **TAGESPRESSE**. „Es sollte ein ganz normaler Überfall werden: rein, Geld schnappen, raus." Doch der routinierte Bankräuber machte seine Rechnung ohne die IT-Experten der Bank Austria.

Gegen neun Uhr Früh betrat er die Filiale und schob einer Mitarbeiterin wortlos einen Zettel mit einer Geldforderung zu. „Aber diese hat nur extrem gelangweilt geseufzt, etwas in ihren Windows 84 eingegeben und dann nur gesagt: ‚Computer says no.'"

Pressefoto der
Bank Austria

Auch nach vier Stunden war es den Mitarbeitern nicht möglich, der Geldforderung nachzugeben. Selbst der Filialleiter kann nichts tun: „Puh, leider haben wir schon seit einiger Zeit Probleme, ins Netzwerk einzusteigen, seit wir unsere Netzwerkkabel verkauft haben, damit wir mit Dominic Thiem als Testimonial von unseren IT-Problemen ablenken können."

Schließlich stellte sich heraus, dass der Geldforderung ohnehin nur in Schilling hätte nachgegeben werden können, denn die Umstellung auf den Euro ist bei der Bank Austria erst für das Jahr 2030 geplant.

Gerhard B. verlor schließlich die Nerven: „Das ist einfach nur extrem schlechter Service. Ich hab mich behandelt gefühlt, als wär ich ein Verbrecher, obwohl die wahren Verbrecher ja im Vorstand der Bank sitzen. Das nächste Mal geh ich halt zur Ersten oder zur BAWAG."

**Gewerkschaft zornig**

Auch die GBB (Gewerkschaft der Bankräuber und Bankomatsprenger) äußert sich kritisch per Presseaussendung: „Es kann nicht sein, dass ein hart arbeitender Bankräuber hier unbezahlte Überstunden machen muss. Wann schafft es die Bank Austria, ihre IT endlich ins 21. Jahrhundert zu holen? Okay, bleiben wir realistisch, ins 20. Jahrhundert. Okay, sagen wir wenigstens ins 19. Jahrhundert."

**Sprecher beschwichtigt**

Die Bank Austria ist um Schadensbegrenzung bemüht: „Leider kommt es zu einer eingeschränkten Erreichbarkeit unserer Computerinfrastruktur seit etwa elf Uhr, 12.02.1996", erklärt Pressesprecher Frederic Salim Rahman in einem Fax. „Wir bitten Herrn Gerhard B. um Entschuldigung für die Unannehmlichkeiten und hoffen, dass bei seinem nächsten Überfall in einer unserer 123 Filialen in ganz Österreich alles so funktioniert, wie e…"

Das Schreiben reißt mitten im Satz ab, da sich das Faxgerät der Bank Austria leider aufgehängt hat, wie uns der Pressesprecher per senegalesischer Nachrichtentrommel aus dem Jahr 1346 mitteilt.

---

LEBEN                                                        14. Februar 2020

# Nach einem Tag unter Wienern: Mama erwischt Eisbären-Baby mit Tschick und Krügerl

Foto: Herbert Neubauer/ APA/ picturedesk.com, Montage

**Ärger im Eisbären-Gehege im Tiergarten Schönbrunn! Nur einen Tag nachdem Eisbären-Mama Nora ihr Junges den neugierigen Blicken der Wiener präsentierte, erwischte sie ihr erst drei Monate altes Baby bereits mit Zigarette und Krügerl. Jetzt heißt es erst einmal Hausarrest für die nächsten zwei Wochen.**

---

WIEN – Noch gestern tappte das Junge unsicheren Schrittes durch das Gehege. Doch schneller als gedacht akklimatisierte es sich in Wien. Bereits nach wenigen Stunden in der Freiheit erwischte Mama Nora ihr Kleines kurz nach dem Aufstehen um 14 Uhr bereits mit einem Krügerl Fassbier und einer Marlboro Red, während es über das Wetter und die Öffis raunzte.

Glücklicherweise befand sich kein Polizist in der Nähe, denn der Genuss von Alkohol und Tabakprodukten ist in Wien erst ab dem Alter von sechs Monaten erlaubt.

„Hast du das von ihm?", schreit die Mama ihr Baby an und deutet auf einen grinsenden Otter, der hinter einem Baum kichert und dort gemeinsam mit einem Nilpferd und einer Eule einen illegalen Würstelstand betreibt. „Heast, muast du mir am Zaga gehn? Du kannst ma goanix sogn, da prackt's ma jo in Beidl auf d' Seit'n", lacht das Baby. „De drei san meine Hawara, wir gengan heit no auf Lebschi und schaun si am Abend blunznfett die Rapid da!"

## Problem

Im Tiergarten Schönbrunn ist man sich derartiger Probleme schon länger bewusst: „Die Tiere passen sich an ihre Umwelt an", erklärt der Mitarbeiter Ekke Wolf. „Unsere Exemplare verwienern zunehmend. Wir können schon seit November die Chamäleons nicht mehr finden, weil sie sich als Gratiszeitungen tarnen."

Eine Schildkröte arbeitet im Hietzinger Bezirksamt als Bereichsleiter und freut sich nach zwölf Monaten Dienst schon auf die wohlverdiente Frühpension. „Aber am schlimmsten getroffen hat es die Papageien, die sitzen die ganze Zeit am Ast und schreien ‚Homma ned, geht ned, gibt's ned'."

## Heilung

Um dem Eisbären-Baby den wienerischen Habitus wieder auszutreiben, übersiedelt es morgen ins Außengehege im Garten von Tierpfleger August Wöginger. In spätestens drei Wochen soll es geheilt sein und statt an Bier und Tschick an Sebastian Kurz und die freie Marktwirtschaft glauben.

# Neue Delikatesse: Leberkasschnitzel-kaiserschmarrnkäsekrainerkrapfen erobert Wien

Foto: Ernst Weingartner / picturedesk.com, Montage

**Die ganze Stadt spricht über eine neue Delikatesse, die in Windes-eile die Herzen und Gaumen der Wiener erobert: der Leberkas-schnitzelkaiserschmarrnkäsekrainerkrapfen. Doch was hat es mit der neuen Speise auf sich?** DiE**TAGESPRESSE** **hört sich um.**

WIEN – Endlich Mampfnachschub für Gourmetfeinspitze: An jeder Straßenecke verspeisen begeisterte Wiener derzeit den neuen Leber-kasschnitzelkaiserschmarrnkäsekrainerkrapfen. Der Instant-Klassi-ker lässt die heimischen Herzen höherschlagen – und bald auch ex-trem unrhythmisch.

Das beliebte „Frühstückshäppchen" wird serviert mit einem Bei-packzettel, der Konsumenten über die Risiken und Nebenwirkungen aufklärt, sowie einem Haftungsausschluss des Herstellers, der keine Verantwortung übernehmen will.

„Natürlich haben wir auch an die Käufer aus der sogenannten Gut-menschenfraktion gedacht", lacht Fleischhauer Stefan Frauneder, der seit 2009 am Rezept gearbeitet hat. „Für die gestörten Vegetarier gibt's den Leberkasschnitzelkaiserschmarrnkäsekrainerkrapfen mit Schnittlauch oben drauf. Paniertem Schnittlauch natürlich."

## Hauben-Version

In der österreichischen Gourmet-Institution „Steirereck" zaubert Küchenchef Heinz Reitbauer den verwöhnten Gästen seine ganz eigene Interpretation der Delikatesse auf den Teller: „Ich hab mich von den Farben und Gerüchen am Schwedenplatz inspirieren lassen. Schaum vom Leberkas des Mangalica-Schweins trifft auf Camembert-Krainer, mit Reminiszenz vom Kaiserschmarrn auf einem Zitat des Kalbsschnitzels", sagt der Koch und zeigt uns eine deftig riechende Staubzucker-Ölsuppe, in der ein aufgeweichtes Schnitzel um sein Leben schwimmt.

## Medizinischer Nutzen

Ernährungswissenschaftler sehen die Rezeptur mit einem lachenden und einem weinenden Auge. „52 000 Kalorien pro Portion sind für einen gesunden Körper katastrophal, für einen österreichischen Körper aber ein normaler Sonntag", erklärt ein Arzt am Wiener AKH.

Außerdem zeigt die Speise laut ersten Labortests eine starke Wirkung gegen das Coronavirus: „Ergebnisse zeigen, dass das Virus innerhalb von wenigen Stunden seine gesamte Kraft verliert und nicht mehr an den Zellrezeptoren andockt, sondern sich ganz hinten im Stammhirn faul in die Ecke legt."

## Touristen euphorisch

Die österreichische Küche zieht auch zahlreiche Touristen an. „Wir kommen direkt aus Wuhan und hoffen, dass der Leberkasschnitzelkaiserschmarrnkäsekrainerkrapfen alle Viren in unserem Körper zerstört. Ich hab schon zwei gegessen und spüre meine Beine nicht mehr", freut sich Mai-lin Ming (24).

Auch Bence Németh (81) aus Sopron ist begeistert. „Eigentlich wollte ich in die Niederlande, um dort Sterbehilfe zu beantragen, jetzt kann ich mich einfach in den Bus nach Wien setzen, dort wird dann ganz unkompliziert mit einem Leberkasschnitzelkaiserschmarrnkäsekrainerkrapfen ein Herzstillstand herbeigeführt."

# Krankenkassendefizit: Kurz rät Österreichern bis 2024 von Erkrankungen und Unfällen ab

Foto: Andy Wenzel / BKA

**Die neue Österreichische Gesundheitskasse (ÖGK) erwartet bis 2024 ein Minus von 1,7 Milliarden Euro. Bundeskanzler Sebastian Kurz lässt jetzt mit einem konstruktiven Vorschlag aufhorchen: Er rät allen Österreicherinnen und Österreichern, Krankheiten und Unfälle zu vermeiden oder nach Möglichkeit auf 2025 zu verschieben.**

WIEN – „Ich weiß, gerade im Winter bei diesem nasskalten Wetter ist es verlockend, faul im Bett zu bleiben und eine schwere Grippe auszubrüten, sodass man nicht in die Arbeit muss", zeigt sich Kurz verständnisvoll. „Aber bis 2024 ist es nicht ratsam, ärztliche Hilfe in Anspruch zu nehmen. Und wer für heuer noch einen schweren Skiunfall geplant hat, Skisaison ist ja Kniesaison, den muss ich leider bitten, im Interesse des Steuerzahlers umzudenken."

Sebastian Kurz geht mit gutem Beispiel voran und verspricht, sich bis 2024 nach eigenen Angaben „keinen Haxen auszureißen".

Sein Versprechen einer Patientenmilliarde, wie bei der Kassenreform 2018 angekündigt, sieht Kurz erfüllt: „Es wurden sogar 1,7 Milliarden, mit einem Bindestrich davor. Der Gernot hat das berechnet und mir versichert, das ist kein Minus, weil er hatte noch nie ein Minus am Konto, das kann nicht sein. Aber die Medien sehen hier natürlich wieder, was sie wollen."

**Patienten reagieren positiv**

Das ganze Land schnallt den Gürtel enger. In den heimischen Spitälern nehmen sich die Patienten die Empfehlung des Kanzlers zu Herzen. „Du kommst erst 2025 raus!", sagt eine Wienerin lachend zu ihrem Lungenkarzinom, zündet sich eine Zigarette an und verlässt die onkologische Ambulanz im AKH.

# „Bisch koa Tiroler, bisch a Oaschloch": Wütender Mob verjagt Coronavirus vom Brenner

Foto: Internetfund

**Großer Erfolg im Kampf gegen das Coronavirus: Ein Expertenteam, bestehend aus mutigen Tiroler Friedensaktivisten, hat den Erreger aus China gestern Nacht in die Flucht geschlagen und zurück nach Italien gejagt.**

BRENNER – Nach einigen Tagen „La dolce vita" in Italien wollte das Coronavirus gestern Abend weiter nach Tirol reisen. Doch an der österreichischen Grenze war Endstation. Denn am Bahnhof wartete bereits eine wütende Gruppe Tiroler Politaktivisten mit brennenden Heugabeln und aufgeklebten Andreas-Hofer-Bärten. „Der Herr Gaisböckmichlhuberguggenbauerzwerger sagt, sie haben gar nicht gewusst, dass sich der Herr Corona in dem Zug befindet", übersetzt ein Dolmetscher die Erzählungen eines Tirolers für den ORF. „Sie haben sich einfach ganz routinemäßig wie bei jedem neu ankommenden Zug aus dem Ausland versammelt, um die ‚Oaschlecha' willkommen zu heißen."

Dass Tirol durch das rasche Eingreifen der Bevölkerung vor der Ausbreitung des gefährlichen Virus bewahrt wurde, erfuhren die Tiroler erst später von Innenminister Karl Nehammer. Er wollte den Einheimischen persönlich gratulieren, wurde aber am Innsbrucker Flughafen von einer wütenden Meute zurück in den Flieger nach Wien gejagt.

Das Coronavirus versuchte später einen zweiten Einreiseversuch über Tarvisio, machte jedoch kurz vor der Veranstaltungshalle des Villacher Faschings schockiert kehrt, als ein betrunkener Villacher das Virus mit einem euphorischen „Lei lei!" begrüßte.

**Eingespielt**

Laut dem Tiroler Gesundheitsexperten Ingo Schmied funktioniert die rigorose Arbeit an der Grenze schon seit Jahren perfekt: „Wir haben jetzt schon viele Zivilisationskrankheiten von der Einreise abgehalten. 2017 die Influenza, 2016 die Masern und schon seit 1956 die hohe Kunst des Lesens."

**Neue Entwicklungen**

Wie mehrere Medien berichten, durfte das Coronavirus inzwischen jedoch die Grenze zu Tirol passieren. „Ja, natürlich", erklärt ein Mitarbeiter des Tiroler Tourismusverbands. „Das Virus hat versprochen, bei uns mehrere Zweitwohnsitze anzumelden und einige Jagdschlösser und Chalets zu befallen. Herzlich willkommen in Tirol, Herr Corona!"

# Ansteckend, mitreißend, bürgernah: SPÖ macht Coronavirus zum neuen Parteichef

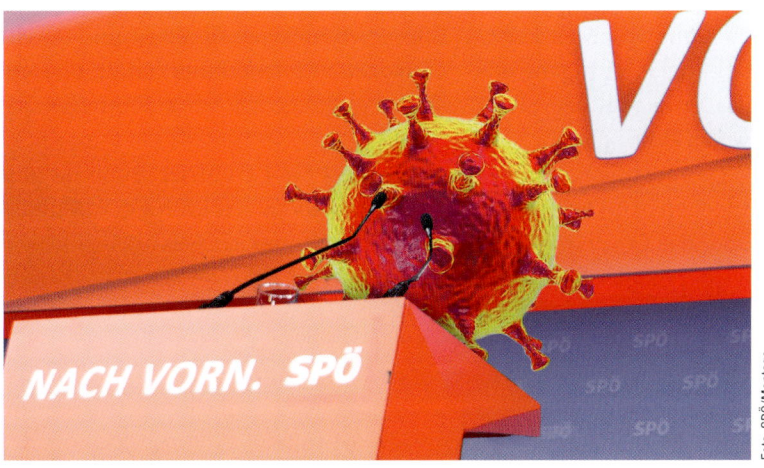

Foto: SPÖ/Montage

**Nur wenige Stunden nach seiner Ankunft in Österreich erhält das Coronavirus bereits einen Spitzenjob. Die SPÖ nutzt die Gunst der Stunde und ernennt das Virus zum neuen Obmann. Es konnte die Genossen vor allem durch seine Bürgernähe überzeugen.**

WIEN / INNSBRUCK – „Einmal in hundert Jahren taucht so ein politisches Talent auf. Da will ich nicht im Weg stehen", erklärt Pamela Rendi-Wagner. „Jeder lässt sich von diesem kleinen Wesen berühren. Er kann den einfachen Arbeiter genauso anstecken wie den Millionär und holt alle Wähler dort ab, wo sie gerade sind", streut sie ihrem Nachfolger Rosen.

Noch heute Abend wird das Virus über das Kinderabteil eines Railjets nach Wien reisen. Bei einem feierlichen Empfang in der Löwelstraße sollen alle Funktionäre die Aura des neuen Obmanns „inhalieren", heißt es. Ein Parteistratege kündigt bereits eine Österreich-Tour an: „Schon bald wird es die Herzen aller Menschen regelrecht befallen. Endlich geht die SPÖ viral, Österreich ist im Corona-Fieber!"

In einem ersten Pressegespräch fragt ein Journalist das Coronavirus nach seinen Inhalten und Positionen. Es folgt minutenlanges Schweigen. „Wahnsinn, der passt ja perfekt zu uns", flüstert Christian Deutsch euphorisch ins Ohr von Doris Bures.

### Zweifel

Doch laut ersten Studien in Fokusgruppen löst der neue Parteiobmann bei potentiellen Wählern Schüttelfrost, Übelkeit und durchfallartigen Stuhlgang aus. Politologen zweifeln daher daran, ob sich das Virus von den SPÖ-Chefs der vergangenen Jahre überhaupt abheben kann.

Dennoch scheint der Coup für die Partei zumindest vorerst aufzugehen. Alle heimischen Medien berichten seit Stunden nur mehr über das Coronavirus. Ein Funktionär freut sich: „Endlich sind wir wieder in aller Munde!"

# Menschenmengen meiden: Österreicher sollen sich Spiele von Austria Wien ansehen

Foto: Ailura, CC BY-SA 3.0 AT

**Das Coronavirus hat Österreich erreicht. Um sich gegen eine Ansteckung zu schützen, empfehlen Experten, größere Menschenmengen dringend zu meiden. Wer auf Nummer sicher gehen will, begibt sich am besten in die Generali Arena und schaut sich ein Spiel von Austria Wien an.**

WIEN – „Keine Panik, bitte nicht drängeln, wir haben für jeden von euch einen eigenen Sektor frei", erklärt ein Mitarbeiter des Wiener Traditionsklubs, der mehrere besorgte Wiener in das Stadion lässt. „Nächste Woche spielen wir gegen St. Pölten, da kommen vielleicht noch zwei oder drei Leute dazu, aber das geht sich alles aus."

### Einsamkeit

Das Leben in der Einsamkeit ist jedoch nicht für alle leicht: „Ich fühl mich zwar sicher, aber allein", schreibt der Wiener Freddy Ledermüller per WhatsApp an seine Familie. „Der nächste Mensch da drüben in Sektor A ist mindestens vier Stunden Fußmarsch entfernt. Ich hab mir jetzt auf einen Fußball so ein Gesicht gemalt wie der Tom Hanks in „Cast Away", damit ich wenigstens einen Freund hier hab, mit dem ich reden kann."

### Schutz

Enger menschlicher Kontakt sei in der Generali Arena quasi ausgeschlossen, erklärt auch Virologe Paul Skedl: „Die ewige Leere der Tribünenränge während eines Bundesligaspiels bietet ausreichenden Schutz vor einer Ansteckung."

Inzwischen wurden auch Forscher der WHO auf den Rängen gesichtet. Sie konnten eine antivirale Wirkung der Spielweise der Austrianer nachweisen, berichtet Skedl: „Wir müssen hier noch nachforschen, doch erste Daten deuten darauf hin, dass das Coronavirus nach dem Anblick der Fehlpässe und des Dribblings sich selbst zur Grippeimpfung begibt." Die chinesische Regierung will jetzt die Kampfmannschaft der Austrianer zu einem Freundschaftsspiel nach Wuhan einladen.

### Versorgung

Zur Sicherheit befindet sich dennoch ein Arzt im Stadion. Er kümmert sich um elf Patienten in besorgniserregendem Zustand. Seine

Prognose ist pessimistisch: „Sie haben zwar kein Corona, aber leider etwas viel Schlimmeres: einen laufenden Vertrag bei der Austria bis 2023."

# Zum Schutz vor *oe24*: Mann geht nur mehr mit Gesichtsmaske aus dem Haus

Foto: Johannes Zinner / bildstrecke.at. spaxiax / Depositphotos. Montage

**Ganz Österreich ist in Angst: Immer mehr Menschen infizieren sich via *oe24*-Artikeln mit Corona-Panik. Wie man sich wirkungsvoll schützt, beweist der Wiener René Allerstorfer. Er verlässt das Haus nur mehr mit einer Gesichtsmaske, die seine Augen vor den toxischen Artikeln schützt.**

WIEN – „Endlich muss ich am Weg ins Büro keine Angst mehr haben, mir versehentlich in der U-Bahn eine *oe24*-Zeitung einzufangen", sagt Allerstorfer im Interview mit der **TAGESPRESSE**. „Natürlich gibt es im Alltag da und dort kleine Schwierigkeiten. Aber ich hab mir soeben von einem freundlichen Herrn um 5.000 Euro einen Blindenhund gekauft", sagt er und zeigt auf einen verängstigten Waschbären, während im Hintergrund ein lachender Hütchenspieler davonläuft.

Schon einmal wäre Allerstorfer fast durch einen völlig frei erfundenen Panikartikel mit der Corona-Panik infiziert worden. Doch er hatte Glück und konnte den Text aufgrund der zahlreichen Rechtschreibfehler nicht entziffern.

## Rätsel

Die Wissenschaft arbeitet unterdessen fieberhaft, um mehr über die toxischen Headlines herauszufinden. „Ja, die Gesichtsmasken schützen tatsächlich", erzählt ein Forscher der Med Uni Wien. „Erste Testergebnisse zeigen, dass ein Kontakt mit den *oe24*-Headlines zu schweren Krankheiten wie Bluthochdruck, Herzproblemen, Wahnvorstellungen oder innerer Tollwut führen kann, bei der sich die Gehirnzellen panisch selbst auffressen."

## Welt schützt sich

Die chinesische Regierung setzt unterdessen strikte Maßnahmen, um ein Übergreifen aus Österreich zu vermeiden. Flugpassagiere aus Wien werden strikt überprüft. „Wer eine *oe24*-Zeitung dabeihat, muss sich zwei Wochen lang in Quarantäne begeben, bis er negativ auf Paranoia und Rassismus getestet ist", erklärt ein chinesischer Grenzbeamter, während er einem Fluggast aus Wien die Augen mit purem Alkohol desinfiziert.

## Liveticker

In der Redaktion von *oe24* rüstet man sich in puncto Corona jetzt für den Ernstfall. „Unsere Redaktion ist gewappnet für den versexten Corona-Terror-Virus aus dem islamistischen IS-Flüchtlingslager auf Lesbos", erklärt Herausgeber und Leichenfreund Wolfgang Fellner. „Wir stellen heuer 14 000 neue Praktikanten ein, die werden dann vom Begräbnis eines jeden Horror-Killer-Todes-Apokalypse-Viruopfers live tickern."

## Versorgungsengpass

Tausende Haushalte in Österreich leiden derzeit unter einem Versorgungsengpass und hoffen auf ein Ende der Epidemie, wie uns Berta W., 68, aus Wien erzählt. „Mein Günther und ich haben gerade 500 giftige *oe24*-Zeitungen zum Mistplatz Favoriten gebracht. Jetzt sind wir ziemlich im Oasch, das war unser gesamter Klopapiervorrat."

# Nicht grüßen, keine sozialen Kontakte: Wien perfekt für Corona gerüstet

Foto: Gerhard Trumler / Imagno / picturedesk.com

**Kein Händeschütteln, kein Grüßen, keine sozialen Kontakte: Die Regierung rät wegen des Coronavirus zu drastischen Mitteln. Doch die Einwohner Wiens nehmen die Maßnahmen gelassen: Für sie ändert sich im Alltag nichts.**

WIEN – „Ois hoib so wüd! Wir bereiten uns in Wien zum Glück seit Jahrzehnten durch täglich geprobte Unfreundlichkeit auf solche Pandemien vor. An alle, die uns dafür belächelt haben und jetzt mit einer Maske herumrennen: Leckts uns am Oasch, es Fetznschädln", erklärt Bürgermeister Michael Ludwig stolz.

Ludwig führt seit heute Vormittag eine Gruppe Seuchenexperten aus Italien, China und Südkorea über den Wiener Gürtel. Eine Virologin aus Seoul ist begeistert: „Die Wiener gehen sich aus dem Weg, schauen immer weg und wechseln sogar die Straßenseite, wenn sie einen Bekannten sehen. Das ist Best Practice, wir können sehr viel von dieser Sta..." Sie wird von einer Pensionistin unterbrochen. „Heast, Frau Wichtig, du stehst genau vorm Busfahrplan, dei Vota woa ka Glaserer."

**Wiener Gelassenheit**

Während in anderen Landesteilen vermehrt Hamsterkäufe zu beobachten sind, bleiben die Wiener gelassen. „I brauch' kan Hamsterkauf, mei Corona-Motto is: Liawa dawoat, ois wia darennt, haha", erklärt Fernmeldetechniker Jakob Mayer (56). „I hob' eh immer scho dreißig Rollen Häuslpapier daham, weil ihr kennt's bei mir olle scheißn gehn!"

Auch im Wiener Traditionscafé *Zum Lungenpatschn* hält man sich seit jeher penibel an den Pandemieplan. „Ich warte schon seit einer halben Stunde auf den Ober, er ignoriert mich und hält meterweiten Sicherheitsabstand, wahrlich famos, hier fühl ich mich sicher", erklärt Stammkundin Ursula Stern (78). „Ich hab nicht einmal die Karte bekommen, die könnte ja schon infiziert sein."

**Traditionen in Gefahr?**

Irritiert zeigt man sich hingegen in Floridsdorf, wie ein Passant erklärt: „Kein Händeschütteln, schön und gut. Aber was ist mit unserem traditionellen Faustschlag ins Gesicht, den wir uns hier zur Begrüßung immer geben? Das ist nicht mehr mein Spitz!" Die Polizei rät außerdem dazu, das Messer nach einer Stecherei mindestens dreißig Sekunden zu waschen, bevor man den nächsten Passanten absticht.

Einzig das Verbot von Gruppen mit mehr als 500 Menschen macht sich bemerkbar. Die Wiener Linien sehen sich gezwungen, den 13A-Bus mit sofortiger Wirkung einzustellen. Alle SPÖ-Veranstaltungen gelten dagegen weiterhin als sicher.

# Hamsterkäufe: Billa öffnet erstmals in der Geschichte dritte Kassa

Foto: Alex Halada / picturedesk.com

**Um dem Ansturm standzuhalten, kam es heute in Wien zu einer Weltpremiere: Die Supermarktkette Billa öffnete erstmals in der Geschichte eine dritte Kassa. Die Bilder gehen um die Welt.**

WIEN – „Dritte Kassa, bitte!", fordern heute Mittag immer mehr wütende Kunden in der Billa-Filiale am Praterstern. Eine zweite Kassa reicht längst nicht mehr aus. Die Lage droht zu kippen. Um einen möglichen Bürgerkrieg abzuwenden, entscheidet sich die Marktleitung zu einem historischen Schritt.

Ein Mitarbeiter, der nur zum Öffnen der dritten Kassa das ganze Jahr über hinten im Lager wartet, kommt heraus und entfernt die Spinnweben, unter der sich die Kassa 3 verbirgt. Um die Kassa zu aktivieren, müssen sieben Mitarbeiter gleichzeitig ihre Handfläche auf das Band legen und dabei laut „Deus locum aperiat!" rufen. Der Filialleiter gibt die Geheimcodes aus der REWE-Zentrale ein, um das Gerät hochzufahren.

**Unruhe**

Doch den Kunden geht es auch mit der dritten Kassa nicht schnell genug. „Heast, wos is do los", schreit ein Prepper mit Gasmaske und lädt seine Glock durch. Sein Kopf verschwindet hinter den zwanzig Packungen Klopapier und den vierzig Tragerln Gösser, die er in seinem Einkaufswagen langsam vorwärts schiebt. „Ich will mich da nicht infiszieren, sondern muss wieder heim in mei Quarantäne, um 16 Uhr spielts ‚Harrys schönste Zeit' im ORF!"

**Versorgung gesichert**

„Wir rüsten uns und wollen sicherstellen, dass die Österreicher mit allen lebensnotwendigen Dingen versorgt werden", erklärt ein Billa-Mitarbeiter, während er mit einem Gabelstapler 400 Leberkäsziegeln in die Filiale transportiert und dafür die Linsen und den Reis ins Lager räumt, die kaum nachgefragt werden. „Das ist der Tag X. Wir müssen verhindern, dass es zu Ausschreitungen kommt, weil vielleicht irgendwann im April dann das Bier ausgeht oder die Schokobons."

**Forscher staunen**

Physiker der Universität Wien sind über das Phänomen erstaunt: „Mit unseren Modellen können wir den Zustand des Universums zurück bis zum Urknall errechnen. Bisher hielten wir eine dritte Billa-Kassa für nicht mit den Naturgesetzen vereinbar", so Dr. Michaela Brawisch-Resch, während sie einige Physikbücher schreddert, die jetzt neu geschrieben werden müssen.

# Traum erfüllt: Kurz schließt Uni ab

**15 lange Jahre hat es gedauert, jetzt ist es geschafft: Bundeskanzler Sebastian Kurz schloss heute die Universität Wien ab. Damit erfüllt er sich einen lang gehegten Traum.**

WIEN – Stolz geht Kurz durch die menschenleeren Gänge des Juridicums und streichelt mit seinen Fingern über die Wände. „Das war's wohl", flüstert er melancholisch und versucht für seine Instagram-Story eine menschliche Emotion zu imitieren.

„Ja, natürlich werde ich die Studienzeit vermissen", seufzt Kurz. „Meine beiden Besuche am Juridicum 2005 sowie 2007, als ich zufällig in der Gegend war und dringend aufs Klo hab müssen nach einem nicht mehr so frischen Kebab, das war ein Gefühl der Freiheit und Unabhängigkeit."

Außerdem, erzählt Kurz, habe er im Sommersemester 2015 vor der Uni eine Studentin kennengelernt, deren Mitbewohnerin gerade auf Interrail war: „Wilde Zeiten …", lächelt er. „Ich hab damals die Balkanroute geschlossen, damit die Mitbewohnerin nicht mehr heimkommt und wir Quality Time zu zweit haben. Ich glaub, sie ist noch immer auf Lesbos, ganz liebe Grüße, wir hoffen, es geht dir gut, Caro."

## Stolz

Voller Freude zieht Kurz sein Handy aus der Hose und aktualisiert sein LinkedIn-Profil: „Sodalla, was schreiben wir da jetzt hinein, genau: Juridicum abgeschlossen in 15 Jahren, TU abgeschlossen in drei Stunden, Med Uni Wien abgeschlossen in dreißig Minuten, das war besonders easy."

Dass Kurz gerade jetzt derart motiviert vorging, liegt am Coronavirus. „Wir müssen verhindern, dass die Bevölkerung von Studenten durchseucht wird." Er zieht eine Grafik hervor. „Das ist eine Kurve, und da sind ein Kreis und eine Linie mit einer Zahl drauf. Stellen Sie sich vor, wir hätten Menschen, die so was interpretieren können! Ein Horror für unsere Wirtschaft."

## Ersatz

Als Ersatz für die Vorlesungen bietet die Industriellenvereinigung allen Studenten die Möglichkeit an, sechzig Stunden pro Woche in unterschiedlichen Großbetrieben zu arbeiten. Laut einer Studie des renommierten Virologen Dr. Georg Kapsch und des italienischen Arztes Haraldo Mahra kann man sich nämlich nur auf Unis, im Theater oder im Technoclub anstecken, nicht aber im Büro oder in der Fabrik.

# Damit sich Zuhörer nicht ins Gesicht greifen: Strache darf nicht mehr öffentlich auftreten

Foto: Robert Jäger / APA / picturedesk.com

**Es ist einfach zu riskant: Heinz-Christian Strache darf bis Anfang April nicht mehr öffentlich auftreten. Das beschloss der Krisenstab der Regierung. Denn zu oft fassen sich Zuhörer während Straches Reden ins Gesicht, das Ansteckungsrisiko mit Covid-19 steigt dadurch massiv an.**

WIEN – „Die Wissenschaft weiß schon lange, dass öffentliche Reden von Strache den Drang auslösen, sich mehrmals aus Fremdscham ins Gesicht zu greifen oder sich gleich mit der flachen Hand selbst ohnmächtig zu schlagen", warnt Franz Benjamin Nößler vom Institut für Tropenmedizin. Virologen sprechen dabei vom Van-der-Bellen-Syndrom, benannt nach dem österreichischen Präsidenten, bei dem es während der Angelobung 2017 entdeckt wurde.

Doch Nößler kritisiert den Schritt als unzureichend: „Um die Kurve abzuflachen, müssen wir Straches Internet abdrehen. Er ist immer noch Administrator seines privaten Facebook-Profils. Allein das sorgt für Tausende peinlich berührte Griffe an die Stirn jeden Tag."

### Unverständnis

Strache selbst versteht die radikale Maßnahme nicht: „Bei dem Verbot muss ich mir doch an den Kopf greifen." Von der Terrasse hört man Philippa Strache schreien: „Schatzi, ja nicht an den Kopf greifen! Was haben wir ausgemacht?" Strache greift sich an den Kopf.

„Lasst uns alle gemeinsam in die Hände spucken und zusammenhalten", zeigt er sich entschlossen. Er halte sich jedenfalls vorbildlich an alle Empfehlungen: „Ich mach sogar schon seit Juni 2019 Homeoffice und verlass das Haus fast nicht mehr. Aber ein HC ist unsterblich, ich leb noch immer, und wenn Sie mir nicht glauben, dann zwicken Sie mich mal ins Gesicht, los!"

# Ungleichheit immer größer: Ein Prozent der Bevölkerung besitzt bereits neunzig Prozent des Klopapiers

Foto: FrankHoermann/dpa Picture Alliance / picturedesk.com

**Die Gesellschaft wird immer ungleicher! Das geht aus einer aktuellen Studie von Oxfam hervor. Demnach besitzt ein Prozent der Bevölkerung bereits neunzig Prozent des gesamten Klopapiers. Die Studienautoren fordern von der Politik sofortige Maßnahmen zur Umverteilung.**

WIEN – Lokalaugenschein bei Familie Benko in einem seelenlosen Penthouse in der Innenstadt. Familienvater René bringt die Tagesausbeute nach Hause: zwei Rollen Clever-Klopapier. „Das hab ich am Westbahnhof für 400 Millionen Euro bekommen", sagt er stolz. Euro – seit dem Coronavirus kommt man damit nicht mehr weit. Seine Kinder streiten sich darum, wer als Erstes aufs Klo darf. Sie waren schon seit Tagen nicht mehr.

Familie Benko hofft nun auf Solidarität: „Ich lass tagtäglich Hunderte Menschen in meinen Immobilien wohnen und will dafür nix haben – außer Miete –, und das ist jetzt der Dank des abgehobenen Proletariats?"

### Ungleichheit

Szenen wie diese gehören in Wien schon längst zum traurigen Alltag. Fassungslos machen im Gegensatz dazu Bilder aus Simmering: Der Wiener Installateur Ivan Kupcik hat die Zeichen der Zeit früh erkannt und schon Anfang März in das „Weiße Gold" investiert. Er gilt heute als reichster Österreicher.

Stolz zeigt er einem Forbes-Fotografen sein Vermögen, bestehend aus Millionen Rollen Klopapier mit Lavendelduft. „Ich hab sogar eine Packung von dem vierlagigen Zewa mit Mandelmilch, da prackt's dir in Beidl aufd Seitn." Hinter einem Küchenkästchen versteckt, befindet sich außerdem ein Safe: „Psst, da ist das Feuchte drinnen. Für den Fall, dass es wirklich ernst wird …"

### Starökonom warnt

Der französische Starökonom Thomas Piketty, der gerade in Wien weilt, präsentiert ein neues Buch (2,– Rollen Klopapier bei Thalia), in dem er die ungleiche Verteilung von Klopapier untersucht. „Wir müssen dringend verhindern, dass sich jetzt auch das Klopapier in wenigen Händen konzentriert. So, ich muss aber jetzt leider zum Bipa, um … äh, ciao."

### Politik wiegelt ab

Bei der Politik stoßen die Warnungen auf taube Ohren. Sebastian Kurz versteht die Kritik an der wachsenden Ungleichheit nicht: „Wenn sie kein Klopapier haben, sollen sie halt Hermès-Seidentücher nehmen, davon hat man eh immer genug herumliegen."

Dass seine Meinung möglicherweise beeinflusst sein könnte durch eine Parteispende von Herrn Kupcik über 49 000 Rollen Klopapier – 1000 Stück unterhalb der meldepflichtigen Grenze –, weist Kurz vehement zurück.

Auch die NEOS melden sich zu Wort. „Ich finde diese autoritären staatlichen Maßnahmen wie Geschäftssperren, Schulschließungen und extra Spitalbetten sinnlos", erklärt Sozialsprecher Gerald Loacker. „Lassen wir doch den freien Markt dieses Virus regeln. Die unsichtbare Hand des Marktes einfach regelmäßig waschen und desinfizieren reicht vollkommen."

### Kampf geht weiter

Und so muss sich Familie Benko wohl auch in Zukunft von einem Tag zum nächsten durchkämpfen, immer auf der Suche nach dem rettenden Stück Papier. „Vielleicht hab ich ja noch eine Rolle in einer meiner anderen 4000 Wohnungen", seufzt Vater René.

LEBEN                                                            17. März 2020

# Soforthilfe für Hoteliers: Tirol setzt Zivildiener als Touristen ein

Foto: ORF TVThek, Montage

**Die gesamte Tiroler Tourismusbranche steht wegen des Corona-Ausbruchs vor dem Stillstand. Doch endlich können die Opfer der Epidemie aufatmen: Die Landesregierung hat den Ernst der Lage erkannt und entsendet Tausende Zivildiener in die Skigebiete. Sie sollen all jene Touristen ersetzen, die frühzeitig abreisen mussten.**

ISCHGL – Bisher war Zivildiener René (18) beim Roten Kreuz als Rettungssanitäter im Einsatz. Seit heute jedoch muss er Wichtigeres tun, als Pensionistinnen pflegen und Unfallopfer versorgen. „Es geht um den Tourismus, das hat uns der Herr Gesundheitslandesrat Bernhard Tilg gestern Nacht stundenlang mit einem Sicherheitsabstand von zehn Zentimetern ins Gesicht geschrien", erzählt René.

Er hat seine rote Uniform gegen einen bunten Skianzug getauscht und prescht nun im Akkord die Skipisten auf und ab. „Was sein muss, muss sein. Aber ich weiß nicht, wie lange ich das durchhalte", seufzt René. „Das Zimmer kostet 300 Euro die Nacht, die Liftkarte achtzig Euro pro Minute."

### Kritische Infrastruktur

Per Erlass aktivierte das Land Tirol Tausende Zivildiener und Soldaten, die derzeit als Touristen die kritische Infrastruktur vor einem Kollaps retten sollen. „Sie fahren die Pisten auf und ab, plantschen gemütlich in der Therme oder shoppen in den Kristallwelten", zeigt sich der Tiroler Landeshauptmann Günther Platter stolz.

Er ruft die Bevölkerung zur Mithilfe auf: „Wir müssen jetzt alle zusammenstehen und uns um die Schwächsten kümmern, die Risikogruppe, nämlich unsere Hoteliers, Liftbetreiber und Lokalbesitzer."

### Hunderte Freiwillige

Hunderte pensionierte Barkeeper aus den beliebten Aprés-Ski-Bars „Kitzloch", „Kuhstall", „Sexfick", „Bernis Oaschloch" und „Ingos Ischgler Inzest-Imbiss" haben sich bereits freiwillig gemeldet, um die Tausenden neuen Touristen zu bedienen.

„Jetzt geht's für Tirol ums Wichtigste: die Wintersaison. Mogsch a Schnapserl? Woher kimmschn du?", fragt der nahtlos braune Ex-Barkeeper, Ex-Skilehrer und Ex-Gesundheitslandesrat Andi (78) einen

Zivildiener und stellt ihm einen Meter Nussschnaps hin. „120 Euro bitte. Ex oder Oaschloch!"

Um einen Einbruch der Skisaison zu verhindern, werden außerdem ab sofort alle Intensivstationen beschneit. „Derzeit überlegen wir auch, ob wir in Innsbruck die Messehallen umwidmen und dort eine riesige Après-Ski-Bar aufbauen sollen."

# Bei „I am from Austria" nicht mitgesungen: Polizei erstattet 824 Anzeigen

Foto: LISI NIESNER/ REUTERS / picturedesk.com

**Seit Freitag ertönt täglich um 18 Uhr „I am from Austria" von Rainhard Fendrich aus allen Wiener Polizeiautos. Aber nicht alle Menschen singen mit, wie das im Covid-19-Gesetz vorgeschrieben ist. Am Freitag wurde noch verwarnt, doch seit gestern erstattet die Polizei Anzeigen. Die ernüchternde Bilanz: 824 registrierte Verstöße alleine am Samstag.**

WIEN – „Leider gibt es trotz eindringlicher Appelle der Behörden immer noch Delinquenten, die glauben, sie stehen über dem

Gesetz", schüttelt Polizeipräsident Gerhard Pürstl den Kopf. Insgesamt trafen die Beamten 824 Personen an, die um 18 Uhr nicht, wie vorgeschrieben, den Fendrich-Klassiker mit einer Mindestlautstärke von 75 Dezibel mitsangen.

Die Angezeigten müssen sich auf saftige Verwaltungsstrafen gefasst machen. Ermahnungen wurden gegen weitere 259 Personen ausgesprochen, die den Text nur lückenhaft wiedergeben konnten, die Töne nicht in ausreichendem Maße trafen oder sich weigerten, euphorisch mitzuklatschen.

**Kontrollen**

Lokalaugenschein im Wiener Stadtpark kurz vor 18 Uhr. Die Streife Emil 2 fährt durch das Gelände. Über den Lautsprecher zählt eine Beamtin den Takt ein: „Eins, zwo, drei, Dei' hohe Zeit, ist lang vorüber! Gemma, gemma! Aus der Brust! Ned schüchtern sein!" Mehrere Polizisten der Bereitschaftseinheit patrouillieren mit einer Stimmgabel bewaffnet durch den Park, um ein hohes C anzustimmen.

**Schutz**

„Ich kann gar nicht sagen, wie wichtig es ist, dass die Bevölkerung hier mitarbeitet", bekräftigt der Wiener Polizeipräsident Gerhard Pürstl. „Es geht um den Schutz der Risikogruppe Menschen mit fragilem Patriotismus. Wer nicht singen kann, begibt sich bitte in Quarantäne." Im Wiener Messezentrum wird derzeit ein Massenquartier eingerichtet für Personen ohne Taktgefühl.

Das Wiener Beispiel macht in anderen Bundesländern Schule. Auch Tirol zieht nach und appelliert musikalisch an den Zusammenhalt. Seit gestern spielen die Tiroler Après-Ski-Bars durchgehend den neuen Hit „Ich bin so schön, ich bin so toll, ich bin Corona aus Tirol". Der Hit verbreitet sich wie ein Lauffeuer durch ganz Europa.

# Nach Corona-Party: FPÖ-Politiker erleichtert über negativen IQ-Test

Foto: FPÖ

**Aufatmen kann der steirische FPÖ-Landtagsabgeordnete Gerhard Hirschmann. Nach seiner aufgeflogenen Corona-Party in Leibnitz musste er sich einem Test unterziehen. Jetzt steht das Ergebnis fest: Sein IQ ist negativ. Damit bleibt ihm ein Parteiausschluss erspart.**

HEILIGENKREUZ AM WAASEN – „Ich bin so erleichtert, jo bist du deppat", freut sich Hirschmann und zeigt stolz sein Testergebnis. „Da, schwarz auf … wie heißt die Farbe, die was auch keine Farbe ist, ah, weiß! Schwarz auf weiß, da hammas: Negativ, a Waunsinn! Und i hab schon befürchtet, i muss Verantwortung für mei' Handeln übernehmen. Darauf werd' ma heut im Vereinsheim alle gemeinsam anstoßen."

Trotz seines Ausrutschers bleibt Hirschmann weiterhin FPÖ-Mitglied. Zufrieden schenkt er sich das dreizehnte Stamperl Marillenschnaps ein. „Ex oda schiache Kinda! So, i hab an systemrelevanten Termin." Hirschmann setzt sich in seinen 5er-BMW und fährt zu einer Krisensitzung beim Heurigen.

## Mehr Sicherheit

Schon in den letzten Tagen hat Parteichef Norbert Hofer strenge Sicherheitsvorkehrungen installiert: „Wir machen jetzt immer ganz penible IQ-Kontrollen. Wer mehr als 37,3 hat, der muss zwei Wochen gemeinsam mit Gottfried Waldhäusl in die Schnapsquarantäne in der Pension Enzian. Da ist noch niemand mit mehr als 37,3 IQ wieder rausgekommen! Ich mag den Enzian so gern, es gibt von ihm weltweit 400 Arten, die wachsen hauptsächlich in den Gebirgen der gemäßigten Zonen der Nordhalbkugel, aber auch in den Anden.“

Um zukünftige Corona-Partys zu vermeiden, plant Norbert Hofer nun riesige Gartenzäune um alle FPÖ-Funktionäre.

## Falle?

Laut Recherchen der *Süddeutschen Zeitung* dürfte der steirische FPÖ-Politiker auf eine falsche Virologin hereingefallen sein. Hirschmann gibt sich kleinlaut: „Ich wollt' diese attraktive Gastgeberin, Frau Doktor Becherovka, beeindrucken und hab mich prahlerisch wie ein Teenager verhalten.“

Im Suff hat Hirschmann der Fake-Virologin versprochen, sie könne die steirischen Spitäler privatisieren, und er erfand angebliche Spender der Partei: „Diese ganzen riesigen Farmerfirmen, alle, alle finanzieren uns. Der Huberbauer, das Weingut Saufschädl, die Ferkelzucht Gratzer. Jeden Montag steht ein Geschenkkorb vor meiner Tür.“

Als Wiedergutmachung will sich Hirschmann in Zukunft vermehrt sozial engagieren. Als ersten Schritt lädt er kranke und ältere Menschen auf eine gemeinsame Party in seinen Weinkeller.

# Wirtschaftskrise droht: Mahrer könnte bis zu 50 000 Jobs verlieren

Foto: Andy Wenzel / BKA, Montage

**Der österreichweite Lockdown zieht verheerende Folgen für die Wirtschaft nach sich. Renommierte Ökonomen sprechen bereits vom Worst Case und rechnen mit bis zu 50 000 Arbeitsplätzen, die Harald Mahrer verlieren könnte. Lässt sich das Schlimmste noch verhindern?**

WIEN – „Es ist schrecklich. Jetzt weiß ich, wie sich diese ganzen Proleten fühlen", erklärt Harald Mahrer im Videochat. „Alleine diese Woche war ich schon 4000 Mal beim AMS, weil ich so viele Jobs verloren habe: Obmann der europäischen Monokelgesellschaft, Kassier des Polo-Clubs Wien-Landstraße, Großinquisitor bei den Sozialversicherungen, Bankaufsichtsrat beim DKT-Spiel mit meiner Familie ... alles weg!"

### Neuer Alltag

„Du, i kann jetzt nicht, I call you later, ok?!", schreit Mahrer in seine AirPods Pro und drückt Elon Musk weg. Hektisch zieht er sich um. Er muss rüber in seinen barocken Lunch-Salon zu einem Skype-Bewerbungsgespräch für den Job als Vorstand der neuen „Bill & Melinda Gates & Leo Hillinger Foundation".

In einer sechsminütigen, laut eigener Aussage ungewöhnlich langen Mittagspause, lockert Mahrer seine Krawatte und seufzt: „So viel Freizeit bin ich gar nicht gewohnt. Man fühlt sich so nutzlos, wenn man sich erst um zwölf aus dem Bett zum Champagner-Brunch raffen muss und nicht wie sonst immer um halb elf."

### Rettungspaket

Ein umfassendes Rettungspaket soll heute durch den Nationalrat gewunken werden. „Koste es, was es wolle!", versichert Harald Mahrer sich selbst und schüttelt sich die Hände. „Zwanzig Opernballlogen und drei Kisten Mineralwasser, um erst mal die größte Not zu lindern. Langfristig am meisten helfen würde mir aber ein Kurzarbeitsmodell, also wenn mir Sebastian Kurz weitere Posten verschafft", hofft Mahrer. „No time now, I make a business!", brüllt Mahrer in seine AirPods Pro. Es ist wieder Musk.

### Umwälzungen

Am Arbeitsmarkt stehen große Umwälzungen bevor. Viele verlieren ihre Jobs, anderswo fehlen die Arbeitskräfte. Mahrer selbst betont, er sei sich nicht zu schade, auch in der 24-Stunden-Pflege eingesetzt zu werden: „Natürlich bevorzuge ich für die Nackenmassage eine kräftige Thailänderin. Aber wenn sich jetzt die 83-jährige Frau Erna aus Hollabrunn täglich um mich kümmert, mich bissl massiert, Essen kocht, mir die Bettpfanne hinstellt, ist das auch okay."

# Gemeinsam Corona bekämpfen: Europäische Staaten überlegen Bildung einer Art „Union"

Foto: LUDOVIC MARIN / AFP / picturedesk.com

**Bisher musste jeder europäische Staat auf eigene Faust gegen Corona ankämpfen. Doch jetzt macht eine ungewöhnliche Idee im Kontinent die Runde: Durch die Bildung einer Art gemeinsamer „Union" könnten die Staaten womöglich kooperieren und so ihre Kräfte bündeln. Eine Idee, die so irrwitzig wie faszinierend anmutet.**

WIEN / BERLIN / PARIS – Österreich verweigert Italien finanzielle Hilfe, deutsche Schutzmasken dürfen nicht über die Grenze geliefert werden, keine Unterstützung für die griechischen Flüchtlingslager: Die Krise zeigt einmal mehr die Grenzen nationalistischen Denkens auf. Doch könnte Kooperation den seit dem Zweiten Weltkrieg zersplitterten Kontinent endlich stärken?

### Bubentraum

„Ich weiß, es klingt illusorisch, verzeihen Sie mir meinen Bubentraum, aber wie wäre es, wenn sich ganz Europa zusammenschließt? Wir uns einfach über unsere Grenzen hinaus helfen?", wirft Emmanuel Macron nach drei Gläsern Rotwein eine Idee in den

Raum, die in den Ohren der anderen Staats- und Regierungschefs zutiefst unerreichbar klingt. „Wir setzen uns regelmäßig irgendwo zusammen, sagen wir, keine Ahnung, in Brüssel von mir aus, oder auch Straßburg, oder einfach beides, why not?"

Die deutsche Bundeskanzlerin Angela Merkel überlegt lange. „Also quasi so was wie ein größeres Deutschland? Das gefällt mir." Macron lächelt gönnerhaft. „Sie haben Frankreich falsch ausgesprochen."

**Skepsis**
Österreichs Bundeskanzler Sebastian Kurz ist noch nicht überzeugt: „Wir dürfen da jetzt nichts überstürzen. Es ist ziemlich utopisch, sich von Staaten solidarisches Verhalten zu erwarten. Wir wissen zum Beispiel, dass wir Österreicher viel fleißiger sind als die faulen Italiener, die sich den ganzen Tag mit einem Gelati in Jesolo gegenseitig abbusseln trotz Corona, oder die Pleitegriechen, die sich von unserem Geld den nächsten Doppelliter Ouzo und neue Sirtaki-Schuhe kaufen. Oder die Deutschen, die einfach, na ja, halt Deutsche sind."

Wichtig wären daher die passenden Rahmenbedingungen, betont auch Macron: „Wir müssen schauen, dass hier wirklich auf die Werte Europas Rücksicht genommen wird. Ein europäischer Binnenmarkt, um gemeinsam die ärmeren Mitgliedstaaten auszubeuten? Schön und gut. Gemeinsame riesige Konferenzen mit leckeren Lachsbrötchen und so kleinen Champagnerfläschchen? Noch besser!"

**Briten interessiert**
„Großbritannien hat großes Interesse, an so einer Union mitzuwirken", bekräftigt auch der britische Premier Boris Johnson aus seiner Quarantäne. „Denn nur von innen heraus lassen sich solche Gebilde nachhaltig wieder zerstören. Ich wäre sofort für ein persönliches Treffen bereit, ist heute, 17 Uhr gut?", hustet er ins Mikrofon.

**Planungen**
Zur Stunde basteln führende Staatschefs an einem Namen und einem Logo des „neuen Europas": Der Zusammenschluss soll den Namen „Europäische Union" tragen, die Flagge soll die europäischen Werte symbolisieren und besteht aus blauem Hintergrund mit einem Kreis gelber Hyänen.

# Damit Österreicher mitmachen: Regierung erlaubt Masken aus Leberkäse

Foto: Depositphotos / amazingmikael, Montage

**Gesichtsmasken können eine Corona-Übertragung verlangsamen – doch in Österreich sind sie nicht Teil der Kultur. Damit sich die Bevölkerung besser an das Tragen der Schutzmasken gewöhnt, dürfen Supermärkte an den Eingängen ab sofort hochwertige Masken aus reinem österreichischen Leberkäse anbieten.**

WIEN – Neun Uhr früh im Billa. „Amoi de Käsleberkas-Maskn mit an Schoafn", sagt Peter K. (48) aus Ottakring. „Is leider scho aus, wir hom nur mehr a Chili-Maske." Enttäuscht zieht der Bauingenieur ab.

Nur neun U-Bahnstationen entfernt, im Spar, hat Herr K. mehr Glück. „A Waunsinn, die Masken is sogar no woam." Unauffällig beißt er ein Stück ab und geht zur Feinkostabteilung. „Tschuldigen S', könnten S' ma schnö des Loch mit ana Scheib'n Extrawurst stopfen? Sag ma sicherheitshalber zwa Scheibn, für de Mitmenschn! Danke, ganz lieb!"

**Masken selber machen**

Wer keine Leberkäsemaske mehr ergattert, soll zu Alternativen greifen. Bundeskanzler Sebastian Kurz empfiehlt, Masken selber zu machen, etwa eine Schnitzelmaske, die man einfach jeden Tag neu panieren kann.

„Die Maske schützt mich nicht vor der Infizierung, aber sie schützt andere Menschen davor, dass ich sie infinisziere", erklärt Vizekanzler Werner Kogler. „Und sie schmeckt afoch so guat, i scheiß mi on, mhm", setzt Kogler fort, während er sich nach dem Einkauf von innen durch die Maske knabbert und die isolierte Außenschicht sicher entsorgt.

„Als Erstes werd' ma de Masken vorm Mäci am Schwedenplatz auflegen, dafür hob i mi persönlich eingesetzt. Dort gibt's in einer Kooperation auch einen Big Mac und eine Apfeltaschenmaske. Das werd' ich regelmäßig selbst kontrollieren."

**Wirtschaft reagiert**

Auch der Wurstfabrikant Neuburger präsentierte bereits seine eigene, leichtere Maske aus Leberkäse, breit beworben in TV-Spots mit dem Slogan „Sagen Sie niemals ‚Atemschutzmaske' zu ihr". Am Linzer Hauptbahnhof bildeten sich unterdessen lange Schlangen vor dem Atemschutz-Pepi, damit niemand ohne Schutz in den Zug steigen muss.

# Ausländer alle weg: Kickl ergattert lang-ersehnten Traumjob als Erntehelfer

Foto: TRAX / Action Press / picturedesk.com, Montage

**Für Herbert Kickl geht ein jahrelanger Traum in Erfüllung: Endlich nehmen uns die Ausländer nicht mehr die Jobs weg! Da alle Erntehelfer in ihren Heimatländern festsitzen, nahm der FPÖ-Politiker im Marchfeld ihren Platz ein. Kickl hat sein politisches Ziel endlich erreicht.**

MARCHFELD – Fünf Uhr früh. Ein klappriger Kleinlaster bringt die Erntehelfer aufs Spargelfeld. Kickl genießt den eisigen Fahrtwind im Gesicht und seufzt erleichtert: „Jahrelang musste ich zusehen, wie Ausländer statt mir stundenlang für sage und schreibe drei Euro pro Stunde Spargel stechen und dann auch noch nur 2,99 Euro davon abgeben, als Miete für ihre lustigen Zwölf-Bett-Zimmer im Hasenstall vom Bauern." Zufrieden scharrt Kickl im Dreck nach Spargeltrieben.

Jede Saison blieb seine Bewerbung als Erntehelfer erfolglos: „Immer hieß es: ‚Tut mir leid, Herr Kickl, aber wir haben uns heuer für den Radu entschieden, oder den Ivica.' Immer hat mir ein Ausländer die ehrliche Arbeit mit Hand und Fuß weggeschnappt, und ich musste als elender Klubchef für 15.182,50 Euro im Monat mein Dasein fristen."

## Personalnot

Corona hat den Arbeitsmarkt nun aber kräftig durcheinandergewirbelt: „Es ist heuer noch schwerer als sonst, gute Erntehelfer zu finden", seufzt Spargelbauer Karl S. (61) aus Gänserndorf. „Ich muss mich als Sklavenhalter beschimpfen lassen, nur weil ich Leute stundenlang am Feld schuften lasse, ohne soziale Absicherung und für einen Hungerlohn, während sie den WKO-Song singen müssen."

Umso zufriedener ist er mit seinem neuen Erntehelfer Kickl. „Er kann gut reimen, ich mag das, wenn meine Sklav..., meine Mitarbeiter die Moral hochhalten."

## Kollegen erfreut

Auch Parteikollege Mario Kunasek freut sich über den ausländerfreien Jobmarkt und blickt in der 24-Stunden-Pflege endlich einer glorreichen Zukunft entgegen: „Schluss mit den Zigeunerinnen, die da bei unseren anständigen hiesigen Omas und Opas rund um die Uhr putzen, kochen und Windel wechseln dürfen, und das auch noch für einen Lohn!"

Kunasek selbst hat bereits eine Stelle bei der Caritas gefunden: „Aufgrund meiner FPÖ-Vergangenheit aber nicht als Pfleger, sondern als Opfer."

## Unruhe

Gegen 5.20 Uhr jedoch macht sich am Marchfelder Spargelacker Unruhe breit. „He, Freund der Blasmusik, wohin des Weges?", brüllt Spargelbauer Karl aus dem offenen Fenster seines Tesla X Gold, von dem aus er am Feldrand die Arbeiter mit einem Ferngucker überblickt. Kickl unternimmt anscheinend einen Fluchtversuch. Die minutenlange ehrliche Arbeit mit Hand und Fuß hat ihm stark zugesetzt. Kurze Zeit später verschwindet er im Gebüsch der slowakischen Grenze.

# Trotz Corona: TU Wien versichert Studenten, dass sie auch ohne Prüfung durchfallen

Foto: Peter Haas/CC BY-SA 3.0, Depositphotos, Montage

**Viele Studenten machen sich dieser Tage Sorgen um ihr Studium. Zumindest all jene, die an der TU Wien studieren, können jetzt aufatmen: Die Universität versichert allen Studierenden, dass sie während der Corona-Krise auch ohne Prüfung durchfallen.**

WIEN – „Corona ändert bei uns wenig", bestätigt Prof. Christian Reisinger vom Institut für Maschinenbau, als er eine Prüfung kontrolliert. „Als Erstes schmeißen wir die Hälfte der Abgaben direkt in den Schredder, weil Pechvögel können wir an dieser Uni nicht brauchen. Weitere 45 Prozent fallen durch, weil ich ihren Namen nicht mag. Fünf Prozent kriegen ein Genügend, damit wir nachher sagen können, wir sind nicht schuld."

Business as usual also – das bestätigt auch die Rektorin. „Sie müssen sich keine Sorgen machen, ob Sie in diesem Semester durchkommen oder nicht: Sie kommen nicht durch", beruhigt sie die Studierenden. Als Entgegenkommen für die Studenten bleiben sogar die Selbstmordnetze an der TU-Bibliothek aufgespannt.

**Lage an anderen Unis**

Die TU Wien steht damit im Gegensatz zu anderen Universitäten wie etwa der BOKU. Diese verteilt 30 ECTS-Punkte an Studenten, die Weinverkostungen dieser Tage alleine an ihrem Laptop durchführen. „Eine Belohnung für besonders fleißige E-Learning-Pioniere", lobt die Leitung.

Auch das Juridicum geht auf die Studenten zu und bietet Diplome als „LL.M." bequem zum Kauf an, ohne dass Studenten das Haus verlassen müssen. Nach eingegangener Überweisung wird das Diplom per Fahrradkurier zugestellt – gemäß Corona-Vorschriften stellt der Bote das Kuvert direkt vor der Tür ab.

**Undenkbar**

„Bei uns undenkbar", betont Reisinger, während er weitere Übungen im Hof mit Benzin übergießt. „Das widerspricht dem Motto der Wiener TU: Man lernt nicht fürs Leben, man lebt fürs Lernen, bis man aufgibt und auf die WU wechselt."

# Neue Regeln: Keine Treffen zu viert draußen außer zu Ostern zu fünft drinnen bei Regen mit Familie oder so keine Ahnung

Foto: LEONHARD FOEGER / REUTERS / picturedesk.com

**Die Regierung verkündete gestern neue Maßnahmen zur Bewältigung der Corona-Krise. Der Erlass verbietet Zusammenkünfte zu viert draußen, außer zu Ostern zu fünft drinnen bei Regen mit der Familie für den Jesus oder so keine Ahnung niemand weiß das so genau. Bei Verstößen drohen saftige Strafen oder auch nicht.**

WIEN – „Es gibt nur vier Gründe, das Haus zu verlassen", bekräftigt Sebastian Kurz. „Zum Einkaufen, zum Arbeiten, für meine Fan-Wanderungen oder um mit fünf haushaltsfremden Personen drinnen bei Regen mit einem Meter Abstand am Ostersonntag im Wohnzimmer eine Grillfeier zu veranstalten. Bitte bleiben Sie ansonsten daheim."

Zu beachten sei, dass während der gesamten Zeit der Macarena zur Melodie von „I am from Austria" zu tanzen sei.

Zusammenkünfte seien prinzipiell erlaubt, stellt Gesundheitsminister Rudolf Anschober klar. „Aber nur zu fünft, zu siebent, elft, dreizehnt, siebzehnt. Wichtig ist, dass es sich bei der Anzahl der Gäste um eine Primzahl handelt. Wir wissen aus China: Das Coronavirus hasst Mathematik."

**Sonderregelung für Wien**
Verschärfte Regeln sieht der Erlass für Wiener vor. Sie bekommen einen Tracking-Schlüsselanhänger eingepflanzt und müssen sich am Ostersonntag alleine im Schrank einsperren, bestätigt Landwirtschaftsministerin Elisabeth Köstinger lächelnd. Verlassen dürfen sie den Schrank nicht, „dafür ist der Eingang leider zu schmal", fügt Anschober mit Bedauern hinzu.

**Strenge Kontrollen**
Kontrolliert wird die Einhaltung der Regeln von der Polizei. Bis zu 3.600 Euro, Schilling oder Peitschenhiebe Strafe drohen bei Verstößen. „Let's play a game!", lacht Innenminister Karl Nehammer. „Es ist wie Lottospielen, nur dass alle verlieren. Die Förderung für Boulevardmedien finanziert sich schließlich nicht von selbst. *oe24* erscheint ab morgen vierlagig und am Sonntag sogar in einer feuchten Ausgabe mit Aloe Vera, das kostet!"

**Verpflichtende App**
Überlegt wird auch, die Tracking-App „Stopp Corona" verpflichtend zu machen. So ließen sich alle Kontakte der letzten Tage zurückverfolgen. Doch Experten heben hervor, dass es in Österreich bereits ein Instrument zur totalen Überwachung gebe, und fordern, alle Österreicher beim jö Bonus Club anzumelden.

# Wegen Ein-Euro-Masken: Billa-Hausverstand geht ab sofort zum Hofer

Foto: GT1976/Wikipedia, CC, REWE AG, Montage

**So nicht! Das entschied heute der Hausverstand. Das bekannte Werbetestimonial wird sicher nicht den verlangten einen Euro für eine Atemschutzmaske bezahlen und will daher künftig andere Supermärkte wie Hofer, Spar und Lidl aufsuchen, wo die Masken gratis sind.**

WIEN – „Geh scheißn, Billa!", sagt der Hausverstand und legt sich zwei Packungen Tomaten ins Wagerl. „So eine Maske kostet doch im Einkauf nicht mehr als ein paar Cent, und REWE macht in Österreich fast neun Milliarden Umsatz im Jahr, die Leute haben mehr Hausverstand, als ihr glaubt."

Eine Pensionistin lächelt sie an: „Danke für Ihren Einsatz, Frau Hausverstand. Und die hom da sogar die zweite Kassa offen, a Wahnsinn!" Sie wischt sich mit ihrer Maske eine Freudenträne ab. „Könnt i bitte noch a zweite haben, danke!"

### Zugriff
Aufregung herrscht allerdings schon bald in der Tiefkühlabteilung, als mehrere bewaffnete REWE-Agenten aus einem Regal zwischen

Tiefkühlpizzen hervorspringen, sich die Eiszapfen vom Bart brechen und den Hausverstand festhalten. „Game over, Fräulein H., mitkommen zur Zentrale. Schweres Vergehen, darauf stehen fünf Jahre Billa Praterstern."

Wie jedem Billa-Angestellten wurde auch dem Hausverstand unter der Schläfe eine jö-card implantiert, um sie im Notfall orten zu können. „Naaaa bitte nicht, lasst's mich, ich will nicht zurück zum Billa! Ich mach alles, Rabattmarkerl austeilen beim Spar, Ayran-Testimonial beim ETSAN, ich geh sogar zum ..." Ihre Stimme versagt. „Ich, ich geh sogar zum Lidl, scheiß auf alles, aber bitte, bitte nie wieder zum Billa!"

**Durchgreifen**

Der REWE-Vorstand will jetzt hart durchgreifen. „Wir geben den Menschen in Österreich bis morgen früh Zeit, freiwillig in unsere Merkur-, Billa- und Bipa-Filialen zurückzukehren und unsere sehr guten Masken zu kaufen. Ansonsten aktivieren wir unsere jö-card-Drohnen, die ihre Geldbörsen gegen ihren Willen zu uns fliegen."

Die hohen Kosten kann der Konzern nachvollziehbar erklären: „Das ist der Selbstkostenpreis. Wir kaufen alle hunderttausend Masken um einen Gesamtpreis von einem Euro." Die Kunden, so der Vorstand, können finanziell langfristig davon sogar profitieren. „Jeder kann unsere Aktien erwerben. Wir erwarten durch den Maskenverkauf heuer einen Rekordgewinn und werden eine stattliche Dividende ausschütten."

# Dos and Don'ts: Polizei veröffentlicht praktischen Corona-Guide

Foto: ROLAND SCHLAGER / APA / picturedesk.com, Montage

**Was ist nach wie vor erlaubt, was ist verboten und wird bestraft? Immer noch sind viele Menschen verunsichert. Die Polizei erarbeitete jetzt eine übersichtliche Liste mit allen Dos and Don'ts. Damit geraten Sie während der Corona-Krise garantiert nicht in Schwierigkeiten.**

**Do:** Aprés-Ski-Bars wochenlang offenlassen und Tausende Menschen infizieren.
**Don't:** Kurz auf der Bank vor der Aprés-Ski-Bar verweilen.

**Do:** Alleine spazieren gehen in der Wohnung, zum Beispiel zum Kühlschrank.
**Don't:** Mit dem Hund spazieren gehen auf der Donauinsel (Terrorismusgefahr).

**Do:** Jemanden, der nicht im selben Haushalt lebt, unter ein Auto legen.
**Don't:** Jemanden, der nicht im selben Haushalt lebt, im Auto mitnehmen.

**Do:** Auf der Baustelle die rumänischen Schwarzarbeiter weiter beschäftigen (Nachbarschaftshilfe).
**Don't:** Am Spielplatz das eigene Kind Sandburg bauen lassen (Schwarzarbeit).

**Do:** Urlaub im Inland (Neusiedlersee, Kärnten, Wachau, Deutschland).
**Don't:** Urlaub im Ausland (Vorarlberg).

**Do:** „Die Behörden haben alles richtig gemacht."
**Don't:** „Haben die Behörden alles richtig gemacht?"
(500 Euro Strafe)

**Do:** Vermummt die Bank betreten mit ausländischer Währung.
**Don't:** Vermummt die Bank betreten mit ausländischem Akzent.

**Do:** Mit Corona in der U-Bahn fahren.
**Don't:** Mit Kebab in der U-Bahn fahren. (Lebensgefährder!)

**Do:** Deine Freunde und Helfer treffen.
**Don't:** Deine Freunde treffen.

**Do:** Mit der U6 zur Messerstecherei am Floridsdorfer Spitz fahren.
**Don't:** Mit der U6 zur Messerschleiferei am Floridsdorfer Spitz fahren.

**Do:** Hände desinfizieren am Abend.
**Don't:** Hände desinfizieren am Praterstern. (Alkoholverbot)

**Do:** Osterfeiern mit der „Familie". (Raika, JVP, XXXLutz)
**Don't:** Osterfeiern mit der Familie.

Und die allerwichtigste Regel:
**Don't:** Händchenhalten.
**Do:** Hände falten, Goschn halten.

# Erleichterung: Positives Matura-zeugnis jetzt in jedem siebenten Überraschungsei

Foto: Andy Wenzel/BKA, Montage

**Bildungsminister Heinz Faßmann verkündete heute eine weitere Erleichterung für Maturanten: Ein positives Maturazeugnis befindet sich ab sofort in jedem siebenten Überraschungsei.**

WIEN – „Ein Maturazeugnis gilt als Zeichen persönlicher Reife und des Willens, erst durch die Matura wird man zum Menschen", so Faßmann. „Und wer die Matura so sehr will, dass er beim Billa alle Überraschungseier aufkauft, der hat seine persönliche Reife ausreichend unter Beweis gestellt."

„Wir tun alles, um den Leistungsfetisch aufrechtzuerhalten. Wer sich die Matura wegen Prüfungsangst nicht mit täglichen Panikattacken, Nachhilfestunden und Überraschungseiern um 10.000 Euro erkämpft, ist nicht reif für unsere sehr vernünftige Gesellschaft", so Faßmann weiter. Mehrere Mitglieder der Schülerunion stehen neben ihm Spalier, salutieren und applaudieren anschließend roboterartig so lange, bis ihre Hände bluten.

**Lob von Schulsprecherin**

„Wir freuen uns, dass die Matura abgehalten wird. Durch die Überraschungseier wird eine gewisse Willkür erzeugt: Obwohl man sich anstrengt, kann man ganz tief fallen und wird ein gebrochener Mensch, eine perfekte Vorbereitung auf den Arbeitsmarkt", so Schulsprecherin Ursula Dorotheum Chanel Waltraud Oberleitner (18) aus Wien-Hietzing.

„Wenn Sie mich entschuldigen, ich muss jetzt wieder Mathe lernen, um die innere Leere in mir mit ein paar schönen Umkehraufgaben zu füllen. Danach geht's dann gleich weiter zum Klavier-Polo mit meinem süßen Pflegepferd Dr. Karl Lueger."

**Überforderung**

Doch viele Schüler sind überfordert. „Fuck, schon wieder ein Zauberpony", seufzt Clara-Sophie in einer Spar-Filiale in Wien-Wieden. „Dann werde ich halt gleich Taxifahrerin, ohne davor Publizistik studiert zu haben ..."

Auch HTL-Maturant Bernd versucht seit Stunden verzweifelt, eine dreiteilige Feuerwehrmann-Sam-Figur zusammenzubauen: „Wenn ich das schaff, krieg ich zur Matura auch gleich noch den Ingenieur dazu, aber der Konstruktionsplan ist einfach zu kompliziert!", jammert er und stopft sich den Zettel zusammen mit Schokolade und Alufolie in den Mund.

**Weitere Erleichterungen**

Sollte die Corona-Krise noch länger andauern, will Faßmann weitere Lockerungen einführen und Bildungsabschlüsse vererbbar machen. Ebenfalls angedacht wird, die Matura-Ergebnisse vor der Prüfung über die Medien bekannt zu geben.

# Saubere Luft: Wiener sehen erstmals seit Jahrzehnten wieder Gipfel des Kahlenbergs

Foto: Tiefkuehlfan/CC-BY-SA 3.0, Depositphotos, Montage

**Durch die Corona-Krise ist die Luft über Wien so sauber wie seit Jahrzehnten nicht mehr. Erstmals seit 1910 ist jetzt sogar wieder der Gipfel des 3817 Meter hohen Kahlenbergs in seiner ganzen Pracht sichtbar.**

WIEN – „I leb' seit vierzig Jahren in dera Stadt, aber i hab bis jetzt geglaubt, der Kahlenberg is nur 500 Meter hoch", sagt Roswitha K. aus Hernals fassungslos und schaut auf das Bergmassiv vor ihr. Gämsen suchen nach Nahrung. Adler kreisen. Murmeltiere pfeifen. Sogar das Gipfelgiebelkreuz, das in den Fünfzigerjahren von einer St. Pöltner Expedition auf den Berg gebracht wurde, ist zu sehen. Majestätisch wie selten thront der Kahlenberg über Wien und motiviert Bergsteiger jetzt zu neuen Höchstleistungen.

### Messner wagt Aufstieg

Auch Rekord-Gipfelstürmer Reinhold Messner kann sich der Anziehung des Nanga Parbat von Nussdorf nur schwer entziehen. Er wagt das Unmögliche: „Bisher waren die Bergsteiger ausschließlich mit einem Welschriesling, einem Grünen Veltliner oder einem Chardonnay ausgerüstet am Kahlenberg. Aber ich werd es ganz ohne Flasche probieren. Ja, vielleicht bin ich ein Getriebener, ein Geistesgestörter, eine Bergbestie, aber ich muss das versuchen."

**Aufstieg**

Weit über der Baumgrenze entdecken die Abenteurer eine verlassene Höhle mit uralten Wandmalereien: Die Zeichnung zeigt Männer, die einer top ausgebildeten Schamanin Messer in den Rücken stechen. „Wahnsinn! Das muss das neue Wahlprogramm der SPÖ sein, es existiert also doch", sagt Messner und zeigt auf eine Unterschrift von Josef Cap.

Bei Höhenmeter 3200 durchquert der Trupp rund um Messner schließlich die Michael-Ludwig-Passage. Kurz vor der Ulli-Sima-Schlucht schrecken die Bergsteiger hoch. Ein unbekanntes zottliges Wesen huscht von einem Felsen zum nächsten. „Hulapaluuuu!", hallt das Echo durch die Schlucht. „Das is er, der Mountain Man, in seiner vollen Pracht. Dreißig Zentimeter lange Brusthaare. Schuhgröße 84. Was für a Mannsbild. Wahnsinn, so einem Urmensch Auge in Auge gegenüberzustehen."

**Nur Anfang**

Forschern zufolge haben vor allem die Schließung Tausender Schnitzelfritteusen dazu geführt, dass sich die Luft in Wien erholte. „Der Kahlenberg ist erst der Anfang", so der Forscher Dr. Helmut Rebernegg. „Wenn das so weitergeht, könnte schon im Juni erstmals die Spitze von Heinz Faßmann sichtbar sein."

# Um Ansturm zu meistern:
# OBI stellt zweiten Mitarbeiter ein

Foto: ERWIN SCHERIAU / APA / picturedesk.com

**Ganz Österreich stürmt heute die wiedereröffneten Baumärkte. Viele Ketten müssen ihre Kapazitäten ausbauen, um unter dem Ansturm nicht zusammenzubrechen. OBI will sogar erstmals in der Firmengeschichte in ausgewählten Filialen einen zweiten Mitarbeiter einstellen.**

WIEN – Dienstag, 7.31 Uhr. „Das ist ein Wahnsinn, die rennan uns die Tür ein", so OBI-Chef Max „Baumax" Hornbach. Nervös beobachtet er durch sein Bürofenster die sieben Kilometer lange Schlange. „Bis jetzt sind wir sehr gut mit einem Mitarbeiter gefahren. Den haben wir immer in den verschiedenen Abteilungen versteckt, um unsere Kunden stunden-, manchmal auch tage- und wochenlang an uns zu binden. Aber jetzt brauchen wir sofort wen Zweiten."

Gesucht wird eine Person mit „ausgesprochener Flexibilität", die sich auch mal in einem Werkzeugkasten, einer Packung Blumenerde oder einem Gasgriller verstecken könnte. Fremdsprachenkenntnisse sind von Vorteil, damit sich der Mitarbeiter im Ernstfall als Ausländer ausgeben kann. „Das schlägt österreichische Kunden sofort in die Flucht."

### Kunden erfreut

„I freu mich schon drauf, auch dem zweiten Trottel zu erklären, wie man eine Wasserwaage richtig verwendet. Also wenn i erm dann find', so in zwei, drei Monaten. A Traum wär' natürlich a Verkäuferin, die wissen überhaupt nix", lacht Kunde Heinz G. (56) aus St. Valentin und hamstert sich zwanzig Meter Parkettfugen, da er seinem Pool jetzt einen neuen Mahagoniboden gönnen möchte.

### Suche erfolgreich

„Wir haben zum Glück wen gefunden", atmet OBI-Chef Hornbach auf. Die Einschulung des zweiten Mitarbeiters verlief gut. „Wir haben ihn perfekt auf die Handhabung des gesamten Sortiments eingeschult: Wenn du den aufgeklebten Schnurrbart hast, bist du der Herbert aus der Gartenabteilung. Wenn du den aufgeklebten Vollbart hast, der Ludwig aus der Schraubenlounge. Rock und High Heels: Franziska aus der Grill-Area. Und so weiter. Das volle Programm halt." Ein Interview mit der **TAGESPRESSE** war leider nicht möglich, da der neue Mitarbeiter bei unserem Besuch nicht auffindbar war.

### Stimmung aufgeheizt

Vor den Baumärkten wird die Stimmung unterdessen immer aufgeheizter. „So müssen sich meine Großeltern im Weltkrieg gefühlt haben", erklärt der geschwächte Kunde Jakob Handler, der bei Schlangenkilometer 6,4 vor dem OBI auf der Wiener Triester Straße ausharrt.

„Ich bin seit drei Wochen ohne Schleifpapier, hab seit Tagen keinen Fliesenkleber mehr in den Händen gehabt, es ist schrecklich, wie soll man so leben? Zweiter Eingang bitte! Zweiter Eingang bitte!!!"

Die UNO plant nun erste Care-Pakete für Österreich. Noch heute sollen über den Schlangen Unterlegscheiben, Zement und Holzkohlegrills abgeworfen werden.

# Vorbild Italien: Ischgl plant Plexiglas-Boxen für Skifahrer

Foto: Depositphotos

**Während man im von Corona gebeutelten Italien über Plexiglas-Boxen für Strandurlauber nachdenkt, ist Ischgl schon einen Schritt weiter. Um einen Gästeeinbruch im Winter zu verhindern, will man jeden Skiurlauber mit einer Plexiglas-Box ausstatten.**

ISCHGL – „Wos die K-ch-atzelmacher k-ch-innan, des k-ch-innan mia Tiroler scho long. Do, schaugs aufi, unsere neiche Teststrecken!", erklärt der Touristiker Ignaz Hiaskoflerbichlhuber und deutet auf eine bisher unberührte Almwiese. Mehrere Pistenraupen fahren auf und ab und bereiten schon jetzt die nächste Saison vor: Störende Murmeltiere werden gefräst, Auerhähne in die Schneedecke einplaniert. „Alles klimaneutral; wir verwenden nur Biodiesel aus gehäckselten Murmeltieren und Auerhähnen."

**Erste Tests im Gange**
Schon in wenigen Tagen werden aus Rumänien eingeflogene Zirbenzapfen-Erntehelfer erste Prototypen der zweimal einen Meter großen Plexiglas-Box auf ihre Fahrtauglichkeit testen, erklärt ÖVP-Landeshauptmann Günther Platter stolz: „Natürlich werden sich

do am Anfang a poa dastessen, aber bis zum Saisonstart werma die Mortalität schon auf unter fünfzig Prozent drücken, und dann geht's dahin!"

Mit einer Bestellung von 50 000 Boxen gilt Ischgl bereits als weltweit größter Abnehmer für Plexiglas. Auch weitere Attraktionen für Touristen sollen mit dem Werkstoff verwirklicht werden. Bei der Bergstation plant man ein künstliches Korallenriff aus Swarovski-Steinen sowie ein Orca-Aquarium, in dem die beiden Wale „Hansi" und „Hansihansi" mit Neopren-Lederhosen die Gäste unterhalten. „Alles auch wieder klimaneutral, natürlich", versichert ein Sprecher der Bergbahnen.

### Zweifel an Sinnhaftigkeit

Doch einige Ischgler Gastronomen zweifeln an der Sinnhaftigkeit: „Der Schmarrn ist doch für den Einsatz in unseren Après-Ski-Betrieben völlig ungeeignet! Da herrscht tropisches Klima. Fünfzig Grad, Luftfeuchtigkeit von 95 Promille Alkohol. Da kollabieren uns die Ersten schon nach dem fünften Enzian-Caipiroska und nicht erst nach dem zehnten!", zeigt sich der Besitzer der beliebten Après-Ski-Bar „Gamsanus" besorgt um das Wohl seiner Geschäfte. „Und wie soll man bitte mit so einer Box unser schönes, traditionelles Tiroler Gesellschaftsspiel Beerpong spielen?"

### Tilg bleibt standhaft

ÖVP-Gesundheitslandesrat Bernhard Tilg will dennoch an der Maßnahme festhalten und sogar noch einen Schritt weitergehen: „Wir werden die Boxen auch für die Wanderurlauber im Sommer einsetzen, um unsere Bevölkerung zu schützen. Es könnt' doch leicht sein, dass so ein virulenter Piefke des Corona auf unsere Kühe übertrogt, wenn er beim Wandern von einer attackiert wird. Diesmal wollen wir nicht nur alles richtig machen, sondern auch nix falsch."

# Billiges Öl: Polizei zieht völlig zugedröhnten Tom Turbo aus dem Verkehr

Foto: JFK / EXPA / picturedesk.com, ORF/Pichlkostner

**Nicht nur der Ölpreis ist gestern tief gefallen: Auch der einstige Kinderstar Tom Turbo hat seinen Tiefpunkt erreicht. Die Polizei zog den renommierten Fahrrad-Detektiv vor dem Wiener Club „Sass" völlig neben der heißen Spur aus dem Verkehr. Die Beamten stellten stark geweitete Pupillen fest und testeten ihn positiv auf Schmieröl. Turbo befindet sich jetzt in der Entzugsklinik.**

WIEN – Das Polizeiprotokoll der verhängnisvollen Nacht gibt verstörende Einblicke in eine Seele, deren Speichen längst aus den Fugen geraten sind. „Null Euro Schmieröl, drei Tage wach!", lacht Thomas Turbocek, wie der ORF-Star bürgerlich heißt, während Beamte nach seinem Führerschein fragen.

Peinlich torkelnd und mit riesigen Pupillen versucht er, sich mit dem Knoblauch-Stinkbomben-Trick gegen seine Festnahme zu wehren. Die Polizisten legen ihm Stützräder an und transportieren ihn ab.

### Entzug

Schauplatzwechsel: Heute Früh, ORF-Entzugsklinik. „Mir geht's schon viel besser, meine Pupillen haben wieder Normalgröße und meine Reifen kriegen schon wieder gut Luft", sagt Turbocek und fährt durch den weitläufigen Rosengarten.

„Angefangen mit dem Schmieröl hat das damals mit 19", erinnert er sich. „Ich bin beim Aufnahmetest an der Polizeischule durchgefallen. Sie haben gesagt, du bist kein Mensch, sondern ein Fahrrad, was willst du hier du, Speichentschusch, geh ham zum Intersport. Das war sehr verletzend."

### Halt

Wirklich Halt gefunden habe Turbocek erst in der Wiener Clubszene, „mit ihren 111 turbotollen Trips", erzählt er. In dieses Suchtmuster ist er durch den Öl-Preisschock zurückgefallen.

„Bei mir kommen gerade mehrere Sachen zusammen", sagt der ORF-Star. Sein Chef hat ihn auf Kurzarbeit geschickt, die Beziehung mit dem linken Hinterreifen von Armin Assingers Traktor ging in die Brüche. Die Decke im Fahrradraum seines Wohnhauses ist ihm irgendwann auf den Kopf gefallen.

„Ich muss jetzt mal ein paar Gänge zurückschalten, die Kette enger schnallen", sieht der TV-Promi ein. „Entschuldigen Sie die schlechten Wortspiele, aber ich hab grad irgendwie ein Rad ab."

### Kollegen schockiert

Auch seine Arbeitskollegen erkennen Turbocek nicht wieder: „Der Tommy hat sich verändert, keine Spur mehr von Elan", erinnert sich der TU-Chemieprofessor und szenebekannte Acid-Techno-DJ Doc Gruselglatz kopfschüttelnd.

„Früher hab ich, sagen wir, Hausnummer, einfach nur einen Kaugummi mitgehen lassen oder achtzig Tonnen Kokain über Kolumbien ins Land gebracht. Na ruckzuck hat der Tommy mich schon erschnüffelt. Heut is ihm das alles wurscht." Für einen Besuch in der Entzugsklinik bleibt Doc Gruselglatz wegen Corona aber keine Zeit. „Ich muss zurück an die Arbeit ins AKH, da haben S' neue Schutzmasken bekommen, die muss ich ihnen fladern."

# Matura 2020: Faßmann präsentiert neuartige Methode für Notenvergabe

Foto: Andy Wenzel / BKA, Montage

**Im Schuljahr 2020 wird alles anders – besonders für den Matura-jahrgang. Bildungsminister Heinz Faßmann präsentiert jetzt eine neuartige Methode für die Notenvergabe. Renommierte Experten entwickelten ein kompliziertes mathematisches Modell, um die Zeugnisnoten zu bestimmen.**

WIEN – „Ich freue mich sehr, dass wir hier ein europaweit einzigartiges Modell entwickelt haben", so Faßmann euphorisch. Er wagt den Praxistest und würfelt vor den Journalisten. „Oh, ein Zweier in Englisch, not very worse, haha, damit wär ich noch kein komplett hoffnungsloser Asozialfall am Arbeitsmarkt", lacht der Bildungsminister.

Die Zahlen 1 bis 5 werden direkt ins Maturazeugnis übernommen. Wer einen Sechser würfelt, darf noch einmal von vorne anfangen und beginnt im Herbst wieder in der Volksschule.

Damit Bildung auch in Zukunft vererbbar bleibt, dürfen Akademiker-Kinder mit drei Würfeln antreten, verspricht Faßmann. „Für Kinder von Eltern mit guten Beziehungen in die Politik haben wir auch sogenannte Magic Cubes", lacht Faßmann und zeigt auf einen Würfel mit sechs Einser-Seiten.

**Bewährt**

Neu ist die nach ihrem Entdecker benannte „Heinzi-Methode" aber trotzdem nicht. Schon seit Jahren kommt sie etwa an der Wiener TU oder dem Juridicum erfolgreich zum Einsatz. „Und sie hat sich bestens bewährt", bekräftigt ein Professor für Strafrecht. „Ein erfolgreicher Anwalt braucht auch mal ein Quäntchen Glück. Oder würden Sie sich etwa vor Gericht von einem Pechvogel vertreten lassen?"

**Lernstress**

Die Maturanten sind gespannt und bereiten sich bereits auf die Matura vor. „Ich hab jetzt ein paar Mal hintereinander nur Einser und Zweier. Ich glaub, ich hab den richtigen Abwurfwinkel raus", erklärt der Wiener Gymnasiast Jonas (18), der seit fünf Stunden in einem illegalen Casino im Hinterhof eines Favoritener Rennpferdschmugglers für die Matura lernt.

**Vorbereitungen**

Im Bildungsministerium laufen die Vorbereitungen auf Hochtouren. Denn eines sei klar, so Faßmann: „Auch während der Corona-Krise haben alle Schüler ein Anrecht auf ein reibungsloses Zentralmatura-Chaos."

Der Bildungsminister verschwindet Richtung Büro, vor dessen Tür er dreißig Minuten stehen bleibt, weil er den Code vergessen hat. „Hallo, t'schuldigen S', mein Internet geht nicht, könnten Sie auf Wikipedia schnell mein Geburtsdatum nachschauen? Danke, ganz lieb."

# Anschober stellt klar: Private Treffen doch erlaubt, ihr Trotteln, hahaha

Foto: HERBERT NEUBAUER/APA/picturedesk.com

**Private Treffen sind offenbar doch erlaubt und waren auch nie verboten. Das stellte Gesundheitsminister Rudolf Anschober heute klar. Eine entsprechende, missverständliche Textstelle auf der Website seines Ministeriums wurde korrigiert.**

WIEN – „LOL, habts ihr euch jetzt echt schon seit Monaten nicht mehr privat getroffen? Hahaha, uppsi, das war ja nur ironisch gemeint, so in die Richtung oh, wir haben eine globale Pandemie, die unsere Existenz bedroht, ich treff fix niemanden mehr und sitz den ganzen Tag daheim, das wird mir psychisch sicher extrem guttun", stellt Rudolf Anschober in einer Pressekonferenz klar.

### Alles nur Spaß

„Wochenlang ohne Familie und Freunde? Wozu? Wer hält das aus? Ich bin ja kein Masochist. Anscheinend verstehen die Menschen meine feine Ironie noch nicht ganz, schade für sie. Aber insgesamt schon sehr funny." Anschober nimmt seine Brille ab, um sich die Lachtränen zu trocknen. „Ihr machts mich echt fertig, haha. Das ist der beste Practical Joke seit Gernot Blümel."

Anschober selbst weiß bereits seit Ende März von dem missverständlich kommunizierten Hinweis auf der Website: „Aber ich wollt nix spoilern, ich wollt warten, bis die Leute wirklich wochenlang niemanden mehr sehen, weil dann ist ja der Witz viel lustiger."

## Missverständlich

Er räumt jedoch ein, dass die betreffende Textstelle missverständlich formuliert war: „Ja, okay … wenn da steht: ‚Wer sich privat trifft, der kriegt fix zehn Jahre Narrenturm', stimmt, da kann man mit viel Fantasie rauslesen, dass das illegal sein könnte, aber da muss man ja wirklich gehirnamputiert sein, wenn man das glaubt. Außerdem steht im Impressum von allen Ministerienhomepages, dass es sich um Satire handelt."

## Korrektur

Laut Anschober wurde der Text nun korrigiert und klarer formuliert: „Okay, nochmal für die ganz Langsamen: Private Treffen sind erlaubt, aber nur mit Fremden." Ob der Hinweis, man solle sich bei Corona-Verdacht Desinfektionsmittel spritzen, ebenfalls nur ein Scherz sei, quittierte Anschober mit „Kein Kommentar, hihihi!".

# Veranstaltungen mit bis zu zehn Personen erlaubt: SPÖ-Maiaufmarsch kann stattfinden

Foto: SPÖ/Kurt Prinz

**Gute Nachrichten für die SPÖ: Trotz Corona kann der traditionelle Aufmarsch am 1. Mai doch noch stattfinden. Alle zehn SPÖ-Fans dürfen am Tag der Arbeit in Sternformation Richtung Wiener Rathaus marschieren, um ein starkes Zeichen für mehr sozialdemokratische Politik zu setzen.**

WIEN – „Die Partei ist für den Ansturm gerüstet", freut sich auch Bürgermeister Michael Ludwig und stellt eine Heurigenbank vor dem Rathaus auf. „Fünf Paarln Frankfurter, a Sechsertragerl, a Packerl Erdnüsse und dreißig *Krone*-Inserate um an Aktionspreis von 900.000 Euro zum Abwischen von die fettigen Finger, super, das wird ein rauschendes Fest", erklärt Ludwig weiter, während er eine rote Serviette in eine leere Frucade-Flasche steckt. „Soll i no a zweites Bankerl? Na, übertreib ma ned …"

Auch dem kommenden Wahlkampf steht nichts im Wege, denn Begräbnisse sind sogar mit dreißig Anwesenden erlaubt.

**Corona-Maßnahmen einhalten**

Generalsekretär Christian Deutsch unterstreicht die strengen Corona-Vorkehrungen: „Unsere Päm wird immer einen Mindestabstand von einem Kilometer zur Basis einhalten, um sich vor einer Ansteckung mit der Realität zu schützen." Der Chef der Jungen Generation muss daheimbleiben, Charly Blecha gehört nämlich zur Risikogruppe.

„Leider werden wegen Corona nicht so viele Menschen wie letztes Jahr dabei sein können, da waren es ja 120 Millionen, alleine hier auf der Favoritenstraße", trauert Ludwig hingegen den guten alten Zeiten nach und zeigt ein Satellitenfoto des Hadsch in Mekka.

**Dornauer dabei**

Auch der Tiroler SPÖ-Chef Georg Dornauer wurde extra mit zwei Airbus 321 der Austrian Airlines aus Innsbruck eingeflogen – eine Maschine für seinen Körper, eine für sein Ego. Doch in Wien muss ihm Rendi-Wagner schlechte Nachrichten überbringen. „Ich bin ja Ärztin. Und als Ärztin, die medizinische Medizin studiert hat, muss ich dich jetzt leider 14 Tage in Quarantäne schicken. Das fällt mir persönlich und als Ärztin, ich bin Ärztin, sehr schwer", seufzt Parteichefin und Ärztin Pamela Rendi-Wagner.

**Mitgliederbefragung fertig**

Vor Ort soll auch das längst überfällige Ergebnis der SPÖ-Mitgliederbefragung über den Verbleib von Rendi-Wagner präsentiert werden. „Hoffen wir, dass das Wetter passt. Nicht, dass mir am Ende zufälligerweise eine Brise die Zettel aus der Hand weht, das wär' eine Katastrophe", lächelt Rendi-Wagner, während sie hinter der Bühne einen leistungsstarken Ventilator montiert.

# Regierung stellt klar: Drogenpartys bei Martin Ho waren nie verboten

Foto: Andy Wenzel / BKA

**Aufregung herrschte am Wochenende über einen missverständlich formulierten Corona-Erlass. Laut Bundeskanzler Sebastian Kurz waren private Drogenpartys in den Räumlichkeiten von Szene-Gastronom Martin Ho nie verboten.**

WIEN – „Drogenpartys bitte erst wieder nach dem 15. Mai", stand bis gestern noch im Corona-Erlass der Regierung. „Das ist natürlich kein Verbot", stellt jetzt Sebastian Kurz klar. „Wir wollten hier niemanden an der Nase herumführen, ich verstehe alle, die jetzt etwas verschnupft sind. Wir setzen hier auf Eigenverantwortung. Jeder soll sich beim Feiern selbst an der Nase nehmen. Da müssen wir nicht auch noch unsere Nase hineinstecken."

### Nichts gewusst

„Jetzt komm ich mir schon ein bisschen veräppelt vor", lacht Martin Ho, der fast alle Kokspartys in seinem Nobelheurigen „Dots" wegen Corona absagen musste, bis auf jene vergangenen Freitag, von der er nichts wusste. Er sei um 20 Uhr schon im Bett gelegen und habe sich seiner Abendlektüre, dem Strafgesetzbuch, gewidmet.

In früheren Interviews beschwerte sich Martin Ho immer wieder über den fehlenden Leistungswillen junger Menschen. Doch dass er immer nur leistungswillige, übereifrige Köche einstellt, scheint ihm jetzt auf den Kopf zu fallen.

„Das war alles mein Koch. Ich habe auch nicht gewusst, dass ich überhaupt Köche habe, ich dachte, das Sushi wird immer direkt so aus Japan zu uns geliefert, lol. Und ich hab mehrere Restaurants? Auch das hör ich zum ersten Mal", meint Ho, der einen innovativen Nasenschutz aus zwei zusammengerollten 500-Euro-Scheinen trägt.

„Ich werde mein Team nächsten Freitag persönlich auf Linie bringen, ich bin ein sehr geradliniger Mensch. Jetzt gerade hab ich die Nase ziemlich voll." Ho verschwindet wieder in sein privates Dots-Wohnzimmer.

### Sicherheitsvorkehrungen

Der Kaufhauserbe, der die Feier veranstaltete, erklärt sich im Interview: „Wer kennt das nicht: Man erbt ein Kaufhaus, doch in der Quarantäne fallen dir schon bald alle acht Decken deiner acht Penthousewohnungen auf den Kopf." Jedoch wurden alle Sicherheitsmaßnahmen eingehalten: „Eine Nasenlänge Abstand, stark geweitete Pupillen, um das Corona besser sehen zu können, Handy desinfizieren vorm Ziehen, nicht mehr als vier Privatstiftungen pro Tisch, und um Punkt 23 Uhr ist Filmriss."

# Bizarrer Robotername: Elon Musk und Grimes nennen Sohn „Sebastian Kurz"

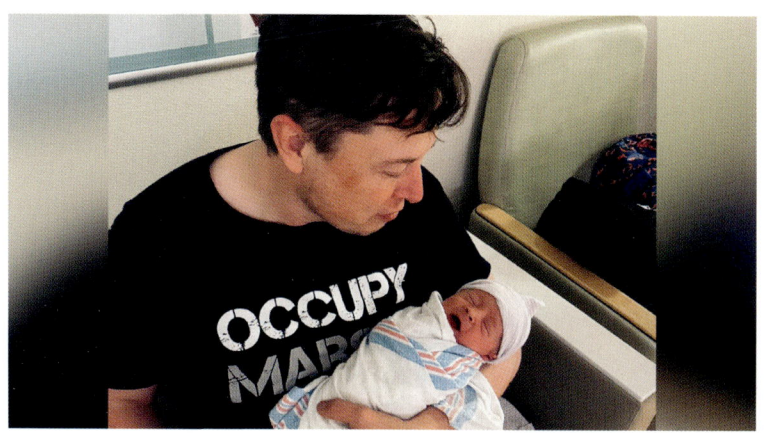

Foto: Twitter

**Unternehmer Elon Musk und die Sängerin Grimes machen mit einer weiteren Namenswahl für ihren ersten Sohn von sich reden. Nachdem der Wunschname X Æ A-12 abgelehnt wurde, entschied sich das Paar jetzt erneut für einen Roboternamen und nennt ihren Sohn „Sebastian Kurz" – eine Hommage an die gleichnamige künstliche Intelligenz.**

KALIFORNIEN – „Sebastian Kurz ist der beeindruckendste Roboter der Welt", so Musk euphorisch. „Er kann autonom einen Staat lenken, beherrscht fünf verschiedene Phrasen und kann menschliche Gefühle fast schon glaubwürdig simulieren. Haben Sie das bei den Pressekonferenzen gesehen, wenn er so besorgt schaut? Großartig, beängstigend menschenähnlich, Gänsehaut."

Die Kurz-KI beherrscht seit dem Upgrade „Neue Volkspartei 2.0" auch In-App-Käufe, wie Musk begeistert berichtet. Für 49.000 Euro pro Monat können gut betuchte Käufer das Programm in eine bestimmte Richtung lenken und in komplexe Prozesse wie die soziale Umverteilung oder das Gesundheitssystem eingreifen.

Musk ist auch zuversichtlich, dass die Entwickler von „Kurz" die noch bestehenden technischen Festplattenprobleme beheben werden, sodass die KI nicht mehr ihre eigene Festplatte schreddert.

**Bedeutung**

Bei der Namensfindung war auch die Mutter Grimes involviert. „Das ‚Basti' steht in unserer Elfensprache für mittelmäßige künstliche Intelligenz. Der Kleine ist erst zwei Tage alt, aber hat schon am Juridicum in Wien das Studium wieder abgebrochen."

Wie es sich für den Sprössling zweier Hochbegabter gehört, hat das Baby auch bereits seine ersten Sätze gesprochen. „Beim Frühstück hat er gesagt: ‚Lalala Papa Mama lalala'", erzählt Musk stolz. „Und beim Mittagessen hat er dann so lieb ‚Die Bestrebungen der Tesla-Mitarbeiter nach Gründung eines Betriebsrats gehören dringendst unterbunden' gelallt."

**Neuer Trend**

Außergewöhnliche Babynamen sind auch bei anderen Stars in. Sei es Madonnas Tochter Lourdes, David Beckhams Sohn Brooklyn oder Elisabeth Köstingers Sohn Waidhofen an der Ybbs. Der Wiener Alternativmediziner, E-Gamer und Stammbaumforscher Heinz-Christian S. zeigt sich ebenfalls fasziniert vom Namenswunsch des Tesla-Gründers: „Super, toll. Ich nenne mein Baby ab sofort ebenfalls nur noch ‚€ K.O. Gucci OS-74-Wien-Ibiza'."

**Probleme**

Inzwischen scheinen Grimes und Musk die Namenswahl allerdings zu bereuen. Sie überlegen, ihren Sohn wegen auffälliger Gewaltfantasien zu einem Psychotherapeuten zu schicken. Seit einigen Stunden fantasiert der kleine „Sebastian Kurz" von der Zerstörung des Mars und wiederholt immer wieder, „der Rote Planet" müsse zerstört werden.

# Will er Menschheit zerstören?
# Bill Gates kündigt neues Windows-Update an

Foto: Kuhlmann / MSC

**Was führt er im Schilde? Der bekannte Impfgegner-Gegner Bill Gates kündigte für heute ein neues Windows-Update an. Der Schritt könnte Computer weltweit lahmlegen und den Internetverkehr zum Erliegen bringen. Experten sprechen von einer Gefahr für die Menschheit.**

SEATTLE/USA – „Installieren Sie dieses Update, um sich gegen die neuesten Viren zu schützen", lasen heute Millionen Windows-Nutzer auf ihren Bildschirmen. Wer auf „OK" klickt, kann seinen Computer oft über Stunden nicht mehr nutzen, wenn überhaupt.

**Prominentes Opfer**
Auch der Musiker Xavier Naidoo ist betroffen: „Ich wollte gerade ein neues Video auf YouTube hochladen über den Zusammenhang zwischen Corona, Impfungen und Ladegeräten, die so groß sind, dass sie mehr als eine Steckdose verbrauchen, echt ärgerlich", erinnert er sich. Plötzlich forderte ihn sein PC zur Installation des Updates auf. Wirklich nur ein Zufall?

Naidoo wurde skeptisch. Nach stundenlanger Recherche entdeckte er auf der geheimen Internetseite „Wikipedia" einen Eintrag über Microsoft. Gut versteckt im ersten Satz des ersten Absatzes fand er den schockierenden Hinweis: Hinter dem Konzern steht niemand Geringerer als Bill Gates.

**Mündiger PC**

„Nein danke, mein PC ist ein mündiger Computer und braucht kein Update, das vielleicht auch noch Autismus auslöst. Mein PC schützt sich gegen Viren mit seinem natürlichen Immunsystem, und überhaupt, existieren Viren wirklich?", fragt er, während er eine Datei namens "Virus.exe" herunterlädt und installiert.

Experten raten von einer Installation des Updates ab. Stattdessen sollten Computer in Büros oder zuhause dringend geöffnet und auf mögliche Mikrochips untersucht werden, die Daten speichern können. Alle Geräte mit Mikrochips sollten mit Wasser übergossen und entsorgt werden.

LEBEN                                                    11. Mai 2020

# Rettung für Wirte: Regierung fährt Geheimwaffe hoch

Foto: HANS PUNZ / APA / picturedesk.com

**In Zeiten der Not greift die Regierung zu verzweifelten Mitteln: Um der Gastronomie unter die Arme zu greifen, wurde heute in den frühen Morgenstunden die Geheimwaffe „USCHI-1010" aktiviert. Kann sie ein Massensterben der Wirte verhindern?**

WIEN – „Wir haben alle gehofft, zu Gott gebetet, dass es nie so weit kommt", erklärt Sebastian Kurz in einer Pressekonferenz aus dem Regierungsbunker. „Aber ich bin auch nicht allmächtig. Kleiner Scherz."

Heute früh gab Alexander Van der Bellen als Oberbefehlshaber des Bundesheeres schließlich den Launch-Code zur Aktivierung der Geheimwaffe, „itsover3000Gigabyte", durch. Zur eigenen Sicherheit ist die Bevölkerung aufgerufen, die Wohnung nicht zu verlassen, während sich die Geheimwaffe von ihren Hausafghanen von Wirt zu Wirt tragen lässt.

## Miliz-Einsatz

Sollte auch „USCHI-1010" scheitern, hat die Bundesregierung weitere Maßnahmen in petto, wie Vizekanzler Werner Kogler verrät: „Dann müssen wir die Miliz einberufen: Wolfgang Ambros, Martin Ho, Toni Faber, H C Strache, die zweite Persönlichkeit von HC Strache, die dritte Persönlichkeit von HC Strache. Wenn's hart auf hart kommt, können wir sogar als letztes Aufgebot Andi Ogris und Michael Jeannée hochfahren."

Kogler selbst werde laut aktueller OTS-Aussendung der Grünen am ersten Abend der Lokalöffnung ebenfalls „sehr sehr intensiv und exzessiv in die Umsetzung eingebunden sein zsam zsam zsam zsam zsam!!!".

## Kanzler hilft

Lokalaugenschein in einem Wirtshaus in Wien. „Und hobt's schon Mittag 'gessen, jo, jo?", fragt Kanzler Kurz in die Runde. Dann dreht er sich zu den Kameras und sagt gewohnt deeskalierend: „Wer nicht regional kauft, wird sterben! Alle Österreicher sind jetzt aufgerufen, mit dem Geld, das wir noch nicht ausbezahlt haben, in den österreichischen Wirtshäusern österreichische Speisen von österreichischen Wirten zu konsumieren. Wenn Sie sich nicht sicher sind, lassen Sie sich eine Geburtsurkunde zeigen."

Kurz beißt in ein Wiener Schnitzel. „Großartig, diese österreichische Qualität." Er lacht und klopft einem Wirt auf die Schulter, der nervös lächelnd seine Geburtsurkunde in die Kameras hält. Hinter den Fotografen biegt ein Kühl-Lkw mit polnischem Kennzeichen und einem fröhlichen Logo auf der Plane – ein Küken, das vor einer Tierfabrik in einen Schredder springt – auf den Parkplatz ein.

**Skepsis**
Public-Health-Experte Philipp Pusterhofer sieht die Maßnahme skeptisch: „Es ist eine extrem schwierige moralische Abwägung: Wir verhindern ein Massensterben der Wirte, aber nehmen ein Massensterben der Hirnzellen in Kauf." Er befürchtet ein Abflachen der IQ-Kurve.

LEBEN                                                13. Mai 2020

# Für sicheren Kontakt mit deutschen Touristen: Killerkühe müssen Mundschutz tragen

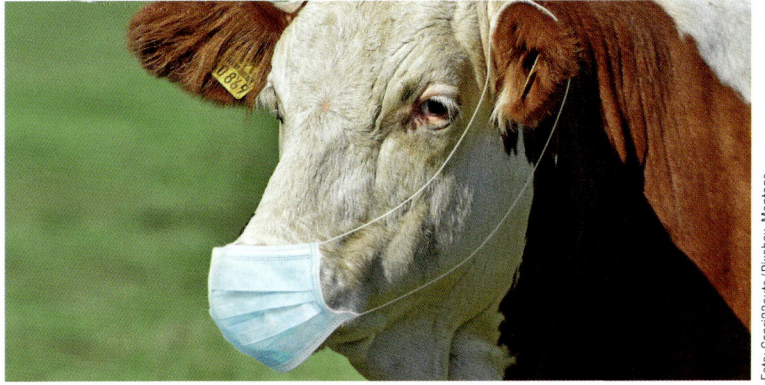

Foto: Capri23auto/Pixabay, Montage

**Ab 15. Juni ist die Grenze zwischen Deutschland und Österreich wieder geöffnet. Doch für den Reiseverkehr gelten strengste Sicherheitsvorkehrungen. Um einen möglichst sicheren Kontakt**

**mit deutschen Touristen zu gewährleisten, müssen Tiroler Killerkühe einen Mundschutz tragen.**

INNSBRUCK – „Wir freuen uns auf Ihr Geld!", heißt Tourismusministerin Elisabeth Köstinger die deutschen Touristen willkommen und präsentiert stolz den neuen Slogan des Tiroler Tourismusverbandes: „Wir freuen uns auf Ihr Geld!"

Köstinger warnt aber vor Euphorie und gibt zu bedenken: „Deutschland verzeichnet nach wie vor über 500 Neuinfeszierungen täglich. Das ist fast so schlimm wie in Wien, das was die Corona-Hochburg ist, von wo sich das Virus durch linke Radfahrer in der ganzen Welt ausgebreitet hat. Das Risiko ist zu groß, dass sich unsere fleißigen Tiroler Killerkühe Corona einfangen, wenn sie auf einem deutschen Touristen draufstehen."

Neben der Maskenpflicht gelten heuer weitere strenge Regeln, wie Regelminister Karl Nehammer ausführt: „Maximal vier Killerkühe auf jedem deutschen Gefährder. Außerdem müssen Nordic-Walking-Stöcke desinfiziert werden, bevor man auf die Muhkuh eindrischt. Roger, Karli 09 over."

### Appell von Platter

Landeshauptmann Günther Platter appelliert an die Vernunft der Killerkühe: „Als Killerpolitiker spreche ich hier aus eigener Erfahrung. Die Gesundheit der Touristen ist wichtig. Nur wenn die Deutschen heil am Gipfel ankommen, Berg heil, können sie beim Abstieg auf die Pappn fliegen, um dann in einer Privatklinik von einem befreundeten Pappnschlossa behandelt zu werden, zum Selbstkostenpreis von 18.000 Euro pro Spritzn."

### Kritik

Bei der Kammer der österreichischen Killerkühe sieht man die Maßnahmen skeptisch: „Ehrlich gesagt, finde ich das ein wenig überzogen. Das Atmen in dem Ding da ist nur grauslich. Da dreht's mir alle acht Mägen um", schüttelt Kuh Susi mit dem Kopf. „Ich habe alles richtig gemacht." Susi arbeitet seit fünf Jahren als Killerkuh auf einer Alm bei Kufstein und ist außerdem Besitzerin mehrerer Ischgler Seilbahnen sowie Landesrätin der ÖVP. Untcr ihrem Auge sind zwei Tränen tätowiert – eine für jedes ihrer Opfer.

### Urlaubseransturm

Auf der deutschen Seite der Grenze campieren bereits jetzt Hunderte Urlauber in atmungsaktiven Tchibo-Funktionsjacken. „Wir haben ganz doll Bock und wollen die Ersten bei den duften Milchponys sein, wir sind immer die Ersten", sagt Familienvater Dieter aus Mannheim (56) und zippt sich beide Hosenbeine ab.

Auf der österreichischen Seite der Grenze staut es sich ebenfalls. Tausende Burschenschafter sichern sich mit Handtüchern ihre Startplätze, um endlich wieder nach Deutschland einzureisen. „Wie ich gelesen habe, dass die deutsche Grenze bald wieder aufgeht, ist mir das Handy aus der Hand gefallen", sagt der Pinkafelder Norbert H., der auf einem laufenden Rasentraktor am Pannenstreifen rechts vorfährt. Gerührt wischt er sich mit seiner Burschenschafterkappe eine Träne von seinem Gesicht. „Ich hab offene Grenzen so gern."

LEBEN                                              13. Mai 2020

# Ärger in Döbling: 50-Euro-Gastrogutschein gilt nicht für Kokspartys bei Martin Ho

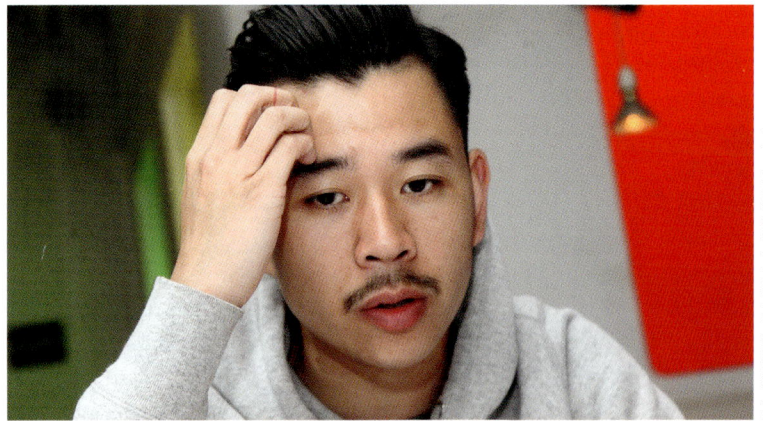

Foto: FOLTIN Jindrich / WirtschaftsBlatt / picturedesk.com

Mit 50-Euro-Gutscheinen für jeden Haushalt will die Stadt Wien die Bevölkerung in die Lokale locken. Doch in Döbling sorgt die Aktion für massiven Ärger: Die Gutscheine sind offenbar nicht gültig für die traditionellen, bei Jung und Alt beliebten Kokspartys bei Martin Ho.

WIEN – „Saufgutscheine für alle, Prostata!", lacht Bürgermeister Michael Ludwig beim Pressefrühstück im Heurigen „Zum gemütlichen U-Bahn-Schacht". Ludwig wischt sich die Schaumkrone vom Mund. „Und nein, das hat nix mit der Wien-Wahl zu tun. Wie, was, Wahlzuckerl? Die Bürgermeisterwahl ist schon im Herbst, haha, das hab ich ganz vergessen, Ulli, hast du das gewusst?" Ulli Sima kann Ludwig allerdings nicht hören, sie eröffnet am Rathausplatz gerade euphorisch eine neue Taube.

## Ärger
Aber nicht bei allen Wienern kommt der Gutschein an. „Danke für nichts, rotes Wien", sagt Jungerbe Douglas Huso Otto von Ottokar und lässt den Gutschein in seinen Aktenvernichter werfen. „Warum hier das Grundnahrungsmittel Kokain ausgenommen ist, ist völlig unverständlich. Und um fünfzig Euro bekomm ich im „Dots" nicht einmal den sanft in Kindertränen gegarten Reis, mmh, der ist ein Gedicht." In seiner Funktion als Bezirkssprecher der NEOS will von Ottokar hier im Rathaus intervenieren.

## Ho reagiert
Der Wiener Szenegastronom Martin Ho (bürgerlicher Name: Martin Holzschädl) wurde von der Präsentation des Wiener Gastro-Gutscheins überrascht: „Sorry, es war zwölf Uhr mittags, da hab ich schon geschlafen, ich bin täglich immer nur von elf Uhr bis 11.15 Uhr auf, Power Working!"
Ihm sei es in seiner Dots-Gruppe aus rein logistischen Gründen ohnehin nicht möglich, den Gutschein anzunehmen. „Hier, schauen Sie, die Speisekarte. Beeren-Koks-Klebereisbällchen 120 Euro, Koks-California-Maki 240 Euro, Koks-Platte für zwei 860 Euro. Fünfzig Euro in Koks umgerechnet, ist so gut wie nichts, da bekommt man bei uns nur den Pinocchio-Teller für den kleinen Naseweis." Dann entschuldigt sich Ho und lässt sich per Sänfte

wieder ins Obergeschoß tragen, wo er bis Oktober in den Sommerschlaf verfallen wird.

**Unmut in Floridsdorf**

In anderen Wiener Bezirken regt sich ebenfalls Unmut. Der Floridsdorfer Bezirksrat Paul Reiter ist erzürnt: „Wo bleibt der 50-Stangen-Marlboro-Gutschein? Denkt denn niemand an die Kinder?!"

In Wien-Neubau kritisiert eine Bezirkspolitikerin der Grünen vor allem die Höhe des Gutscheins: „Fünfzig Euro? Ich weiß, ehrlich gesagt, nicht, ob ich mit einem Achterl Infused-Rhabarber-Achselschweiß-Limo durch den Sommer kommen werde … also nicht ich persönlich, ich bin eh reich."

14. Mai 2020

# Wie in Südkorea: Bizarre Christensekte ignoriert Corona-Regeln

Foto: Dragan Tatic/BKA

**Nachdem eine radikale Christensekte in Südkorea alle Corona-Regeln ignorierte und den Ausbruch wesentlich beschleunigte, sorgt jetzt ein ähnlicher Fall in Österreich für Aufsehen. Beim Besuch**

**des Sektenführers und selbsternannten Erzengels Sebastian (33) in Vorarlberg wurden sämtliche Vorschriften der Corona-Verordnung ignoriert. Droht jetzt eine zweite Welle?**

KLEINWALSERTAL – Befremdliche Videoaufnahmen zeigen die Huldigungen der fanatischen Gläubigen. „Da ist er, da Messias, schnell, halt ihm den Ischias hin, er soll mit der Hand drübergehen", schreit Irmi H. (103) und packt ihre Österreichfahne aus.

„Oh mein Gott, oh mein Gott", brüllt Elfi S. (96). „Ich bin doch nicht der Gott, nur der Sebastian, euer Erlöser", gibt sich der Sektenführer bodenständig und küsst die Greisin sechzig Sekunden lang auf die Stirn, bevor er für weitere fünf Minuten ihre Brieftasche massiert.

### Euphorie

Im ganzen Tal herrscht bei der Wiederkunft von Sebastian Ausnahmezustand. Die Massen strömen von der Raika-Straße über die Raika-Gasse auf den Raika-Platz zum großen Raika-Brunnen. Im Nah & Frisch sind schon seit Tagen alle Österreichfahnen ausverkauft, jedes einzelne Fenster ist beflaggt. Kinder malen sich mit Hasenblut rote Streifen über das Gesicht. Häuser ohne Fahnen werden abgerissen.

„Bitte halten Sie Abstand", ermahnt der Guru seine frenetischen Anhänger. „Außer auf den Fotos für mein Instagram", fügt er lachend hinzu. „Instagram? Was ist das? Er spricht in fremden Engelszungen!", ruft Greis Erich Z. (128) euphorisch. „So viel Begeisterung hat's da zuletzt gegeben beim anderen Messias, das war im 38er-Jahr."

### Gesetzesbrüche

Videoaufnahmen beweisen, dass beim öffentlichen Gottesdienst während der Ausübung der bizarren Sektenrituale keinerlei Gesetze eingehalten wurden: Direkter Körperkontakt bei der Fußwaschung der Reichen. Keine Schutzmasken beim Gruppensex im Raika-Foyer. Intensive Küsse bei der Massenhochzeit, auf der Guru Sebastian 3000 Mal sich selbst heiratete. Innige Umarmungen bei der öffentlichen Verbrennung von SPÖ-Parteibüchern am Scheiterhaufen.

**Pyramidenspiel**

Schon länger steht die Sekte „Neue Volkspartei" in der Kritik. Bei Massenevents lässt sich der Guru von indoktrinierten Anhängern feiern. Diese werden aufgerufen, teils große Geldsummen bis zu 49.000 Euro monatlich zu spenden, um mit teuren Werbekampagnen neue Anhänger in die Fänge der radikalen Organisation zu locken. Ermittler sprechen von einem Pyramidenspiel.

Schon die Jugend wird früh einer Gehirnwäsche unterzogen. In der „JVP" werden die Mitglieder durch mysteriöse Rituale, etwa die nasale Einnahme eines weißen Pulvers, darauf vorbereitet, die Gesellschaft zu unterwandern und den Sozialstaat zu zerschlagen.

**Angebliche Wunder**

Trotzdem beharren Anhänger auf der These, ihr Guru könne Wunder vollbringen: So verwandelte Sebastian bei einer Wanderung angeblich zehn Anhänger in 800. Außerdem sorgte der Heiland für die wundersame Vermehrung von PR-Beratern und heilte den dorfbekannten Bittsteller Gernot B. von seiner Arbeitslosigkeit.

**Kritik**

In den Medien hagelt es Kritik an den österreichischen Corona-Gefährdern. *Kurier*-Chefredakteurin Martina Salomon erklärt: „Wahnsinn! Diese Pamela Rendi-Wagner war gestern im Park spazieren und hat nur dreißig Meter Abstand gehalten zu einem Baum! Kleinwalsertal? Kurz? Wie? Was soll dort passiert sein? Nie gehört. Entschuldigen Sie mich, ich muss weg, so eine Headline schreibt sich nicht von alleine. Also buchstäblich nicht, ich muss noch im Kanzleramt anrufen und sie mir diktieren lassen."

# Donauinsel-Saufschiff abgebrannt: Team HC Strache trauert um Parteizentrale

**Der Vollbrand im bekannten Donauinsel-Saufschiff „Sansibar" stürzt das junge Team Strache in eine existentielle Krise. Die Parteizentrale ist bis auf das Fundament abgebrannt. Heinz-Christian Strache steht vor den Scherben seines Comeback-Versuchs.**

DONAUINSEL – „Irgendwie hab ich mit Inseln kein Glück", sagt der rußverschmierte Parteichef Heinz-Christian Strache und starrt resigniert in die Flammen. „Baba, Sansibar. Du idyllisches Exil, du neue politische Heimat, du schmuddeliger Sehnsuchtsort", flüstert er und zündet sich an der brennenden Terrasse eine Marlboro Extra Teer an.

„Keine Ahnung, wie das passieren konnte", sagt Strache und dämpft die Zigarette nach drei Lungenzügen im Strohdach aus. „Wir haben alles probiert, ich hab drei Stunden lang mit Wodka gelöscht." In der Asche finden sich die zerstörten Überreste der jungen Partei: achtzig verkohlte Sporttaschen, mehrere goldene Parteikreditkarten und siebzehn versteckte Kameras.

**Perfekter Ort**

Der Neo-Parteichef steht vor den Trümmern seiner Existenz. „Die Insel war der perfekte Standort für unser Team. Hier waren wir direkt dran an unserer Zielgruppe", seufzt Strache und zeigt auf einen FKK-Senioren, der sich gerade von seinem Kampfhund ein Stick-and-Poke-Tattoo, das durchgestrichene Gesicht von Bill Gates, in den Rücken beißen lässt.

**Ermittlungen**

Schockiert betrachtet er Videoaufzeichnungen des Brandes. „Eine furchtbare Tat, ich bin fassungslos, wer sind die Hintermänner? Ich hoffe, die Polizei ermittelt sofort und findet heraus, wer dieses Video gedreht hat."

Parteimitglied Christian Höbart zieht inzwischen in einem Schwanentretboot auf der Donau seine Runden und versucht, den Brandstifter per Telekinese an der Flucht zu hindern: „Für Sie schaut es vielleicht so aus, als würde ich gerade einfach nur in der Luft herumfuchteln", lächelt Höbart, „aber in Wahrheit ziehe ich per Gehirnkraft gerade in Kabul drei Täter aus dem Billa und beame sie mit der Kraft meiner Gedanken direkt nach Stein."

**Neugründung**

Für das Team Strache steht mit der Suche nach einem neuen Büro sogar eine Neugründung der Partei im Raum. „Jetzt mal ehrlich, Team HC, das klingt doch wie THC, da lacht uns das ganze Land zu Recht aus", seufzt Strache nachdenklich und präsentiert auch bereits einen neuen Parteinamen. „Kollektive Organisation kompetenter Saubermänner – das ist es!"

# „Bereit für Van der Bellen": Jesolo sperrt Afterhour-Clubs wieder auf

Foto: HELMUT FOHRINGER/APA/picturedesk.com, Depositphotos, Montage

**Der italienische Urlaubsort Jesolo wendet sich in einem offenen Brief an Bundespräsident Alexander Van der Bellen. Demnach sei man bereit, Österreichs Staatsoberhaupt wieder willkommen zu heißen, um die Urlaubssaison zu retten. Aus diesem Grund wurden extra die Afterhour-Clubs der Stadt wiedereröffnet.**

JESOLO – „Wir sind bereit, Sascha", erklärt Alberto Maschio, Präsident des Hotelierverbands von Jesolo. Die Stadtverwaltung engagierte sogar Kobosil und Norman Nodge, zwei Resident DJs aus dem Berliner Berghain, und sorgt für abwechslungsreiche Einlagen wie eine Piñata aus Marlboro-Stangen. „In Italien dürfen auch ein paar Schönheiten nicht fehlen", lacht Maschio und zeigt auf eine schlanke, gebundene Version der Bundesverfassung.

### Drei Tage wach
Nach Eintreffen des Schreibens ließ sich Van der Bellen nicht zweimal bitten. „Auf geht's, ab geht's, drei Tage wach!", lacht er, als er mit seiner Frau den Nachtclub „Gigolo" betritt. Gegen acht Uhr früh wird es schließlich sogar den Italienern zu bunt, sie versuchen,

Van der Bellen freundlich aus dem Lokal zu expedieren. „Nein Mann, ich will noch nicht gehen, ich will noch ein bisschen tanzen", ruft der Präsident.

## Verplaudert

„Hoppala, haha, ich hab mich verplaudert und leider die Zeit übersehen, da ist ja seit fünf Tagen Sperrstunde", murmelt Van der Bellen schließlich kleinlaut, als er dann doch noch den Club verlässt. „Es tut mir wirklich leid, aber ich hab nur dem Kellner meine Getränkebestellung aufgegeben, plötzlich war schon wieder Sonnenaufgang. Ham ma noch Papers?"

## Kanzler enttäuscht

Von der österreichischen Regierung hagelt es Kritik für den nächtlichen Besuch. „Ich bin schockiert und menschlich zutiefst enttäuscht", erklärte Bundeskanzler Sebastian Kurz. „Für einen Fehler geradestehen und sich entschuldigen? Das widerspricht allem, woran ich glaube. Da waren doch eindeutig zwei Leute mit einer Handykamera, da kann man sagen, die Traube aus Journalisten ist schuld. Der Bundespräsident ist kein Vorbild für meine jungen, tüchtigen, rückgratlosen Karrieristen in der JVP. Außerdem wissen wir alle, dass das Virus nach 23 Uhr besonders ansteckend ist."

## ATV-Doku

Das Filmmaterial der wilden Partynächte aus Jesolo wird kommenden Freitag auf ATV in der Sendung *Saturday Night Fever: Sascha gone wild* zu sehen sein. Auch international steigen die Beliebtheitswerte des Partypräsidenten, in Spanien wurde sogar ein Kultclub umbenannt, in „Sacha Ibiza".

# Hat Strache mit 180 km/h geblitzt: Ermittler fahnden nach Radarkasten

Foto: Ernst Weingartner / picturedesk.com

**Wer kennt diesen Radarkasten? Die Polizei veröffentlicht heute Fahndungsfotos des bisher unbekannten Geräts. Der schwere Vorwurf: Er habe dem renommierten Politiker Heinz-Christian Strache eine üble Falle gestellt und ihn am Wochenende mit 180 km/h geblitzt. Der Neo-Parteichef wurde damit erneut Opfer eines kriminellen Netzwerks, das ihn ruinieren will.**

KLOSTERNEUBURG – „Wir haben das gesamte Material sichergestellt. Darauf ist Strache zu sehen, wie er, Wodka-Bull trinkend, mit 180 km/h durch Klosterneuburg rast und bei offenem Fenster ins Handy schreit, dass der Haselsteiner keine Aufträge mehr kriegt, sobald er Wiener Bürgermeister ist", erzählt ein Ermittler der SOKO Radar.

   „Hoffentlich finden wir den Täter, der dem Herrn Strache da hinterhältig neben der Straße aufgelauert hat. Übrigens, wann erscheint das Interview? Können Sie dem HC bitte ausrichten, dass ich ihn immer noch liebe, egal was passiert, ich hab seine neue Handynummer leider nicht."

**Geschickt eingefädelt**

Laut Polizei war die Falle von langer Hand geplant. „Die Radarbox wurde professionell im Boden verankert. Sie ist an einem Pfosten befestigt, den wir als Johann Gudenus identifiziert haben." Auffällig sind außerdem die sehr dreckigen Schrauben an der Verankerung.

**Strache reagiert**

„Schrecklich, schauen Sie, wie unvorteilhaft ich auf diesem Radarfoto aussehe", schüttelt auch Strache den Kopf. „Mir ist bei Vollgas das Wodkaglas aus der Hand gerutscht, mitten aufs neue Handy, mit dem ich während der Fahrt telefoniert habe. Zum Glück war ich nicht angegurtet und konnte schnell reagieren." Mehr Erinnerungen an die Fahrt habe er jedoch keine, da er vor Fahrtantritt wie immer K.O.-Tropfen eingenommen hat.

**Keine Konsequenzen**

Für den Wiener Politiker hat die „nächtliche Bummelfahrt" vorerst keine Konsequenzen, wie Polizeisprecher Franz Karl Heindl erklärt. „Das BKA und sämtliche Mitarbeiter aller Landeskriminalämter sind jetzt mal bis 2039 damit beschäftigt, den Radarkasten zu finden. Erst danach haben wir Ressourcen, um einen Strafzettel auszustellen."

# Um straffrei zu bleiben:
# LASK präsentiert zwei Neuzugänge

Foto: LASK/Montage

**Paukenschlag in der österreichischen Bundesliga: Nach der
Punktestrafe gegen den LASK wegen eines unerlaubten
Trainings trotz Corona greift der Fußballverein in die Trickkiste.
Zwei Neuverpflichtungen sollen den Linzern ab sofort Straf-
freiheit gegen künftige Verstöße garantieren.**

LINZ – „Sebastian Kurz ist ein starker Rechtsaußen, der in die
Hände spuckt, mit seiner Energie ganze Menschenmengen ansteckt,
Elan tröpfchenweise versprüht und Gegnern die Mauer macht", lobt
LASK-Trainer Valérien Ismaël.

Mit Alexander Van der Bellen gelang außerdem die Verpflichtung
eines langatmigen Mitte-links-Spielers, der sogar noch weit nach
Ende der regulären Spielzeit seine ganze Energie abrufen kann,
„weiter, als die Polizei erlaubt", lacht Ismaël.

Beide Neuverpflichtungen verzichteten bei ihrer Präsentation auf
Mundschutzmasken, weil sie ohnehin Immunität genießen würden.
Gleichzeitig verkündete Gruber eine Umbenennung des Clubs in
„Der neue LASK – Team Kurz" und einen Wechsel der Vereinsfarbe
von schwarz zu türkis.

Kurz darf sich auch über ein üppiges Gehalt freuen. Insidern zufolge erhält er die Rekordgage von 20.000 Cent pro Monat, ausverhandelt von seinem Manager Gernot B.

## Probleme

Der Start verläuft jedoch nicht reibungslos. Vor seiner ersten Trainingseinheit hält Kurz drei Pressekonferenzen ab, um später im Trainingsmatch drei Eigentore zu schießen, für die er seine Mitspieler, den Rasen und die Linzer Bevölkerung verantwortlich macht. Auffällig war das eigens für ihn angefertigte XXXL-Trikot, damit alle seine Sponsoren auch wirklich Platz darauf finden.

Van der Bellen wiederum versäumte die erste Trainingseinheit komplett, nachdem er in einem Linzer Wohnhauskeller stundenlang frustriert auf die U-Bahn zum Stadion gewartet hatte. Trotzdem zeigte er sich am Folgetag in guter Kondition und benötigte im Training für hundert Meter nur knapp 18 Zigaretten, damit unterbot er den 1993 von Andi Ogris aufgestellten Rekord von 23 Zigaretten klar.

Während des Trainingsmatches fiel er vor allem dadurch auf, dass er seine Mitspieler nach jedem Foul mit den Worten „So sind wir nicht" ermahnte.

## Corona-Maßnahmen

Während der LASK so jeder Strafe entkommen dürfte, nehmen andere Vereine die Corona-Maßnahmen deutlich ernster. Um die Abstandsregeln einzuhalten, verpflichtete RB Salzburg sogar extra den Brasilianer Neymar, da er immer zwei Meter vom Gegner entfernt zu Boden fällt.

# Chaos, Leid, Zerstörung: Gesetzlose Banden plündern USA

Foto: Wikipedia (M)

**Die USA versinken im Chaos! Unkontrollierbare Banden ziehen plündernd durch das Land. Ohne Rücksicht auf Verluste zerstören sie dabei Existenzen, Gemeinden und die Umwelt. Sind Amazon, Exxon, Bank of America und Co. noch aufzuhalten, oder ist das Land der unbegrenzten Möglichkeiten dem Untergang geweiht?**

NEW YORK – Es sind Szenen wie aus einem Wild-West-Film, die sich um Punkt neun Uhr morgens in der Wall Street abspielen. Mehrere extrem gut gekleidete Personen in dunklen Maßanzügen stürmen die Bürotürme und setzen sich an ihre Laptops, um blutrote Spreadsheets zu erstellen, Angestellte brutal zu optimieren und verheerende Gewinnprognosen zu errechnen.

### Chaotisch

Die Plünderungen dauern nun schon das 45. Jahr in Folge an. „Sie haben alles zerstört, uns alles genommen", zeigt der Bürgermeister einer Kleinstadt in Colorado auf seinen Heimatort, der vor kurzem wiederholt von Mitgliedern der Radikalen Gruppe Bank of America heimgesucht wurde.

„Bei den Schulen bröckelt das Dach, im Spital halten nur noch die Ratten mit Coca-Cola-Plastikflaschen als Schutzausrüstung die Stellung, und die Menschen müssen auf der privatisierten Straße schlafen, was aber inzwischen auch zwölf Dollar Maut pro Tag kostet. Dafür ist die Polizei ausgerüstet wie für den Dritten Weltkrieg und beschützt die Banden gegen die Bürger."

### Drogen

Der mittlere Westen dagegen kämpft gegen eine massive Drogenepidemie. „Rücksichtslose Dealer mit Maßanzügen fluten den Markt mit billigen Opiaten", sagt der Marihuana-Händler Dernell und zeigt auf eine staatlich anerkannte Apotheke und einen Dealer im Purdue-Dienstwagen. „Niemand will mehr mein lokal angebautes Weed, die ganzen Kids fahren jetzt ab auf dieses Oxycontin und Fentanyl."

### Umweltzerstörung

Nicht einmal Naturschutzgebiete im kalten Alaska sind sicher vor den anarchistischen Chaoten, wie ein Lokalaugenschein zeigt. „Es ist furchtbar", erzählt der US-Ureinwohner Nodin Mokovaoto sich selbst, da sich kein Medium für ihn interessiert. „Exxon-Manager sind gekommen und haben unser Zuhause mit Rohöl beschmiert. Jetzt müssen wir die nächsten Jahre Rohöl essen, um die Wirtschaft anzukurbeln. Immerhin gewöhnt man sich an den Geschmack, und es ist gesünder als alles bei Walmart."

Noch schlimmer ist die Situation an der Ostküste. „Ich hab mal ein kleines Buchgeschäft gehabt, dann ist der Herr Jeff Bezos vor der Tür gestanden und hat lachend mit einem Ziegelstein die Scheiben eingeschlagen", erzählt die arbeitslose Buchhändlerin Chelsea Rodnick (56) aus Boston. „Ich hab ihn gefragt, warum er das macht. Aber er hat nicht geantwortet, alles mit Benzin übergossen und mir psychopathisch grinsend einen Kindle Paperwhite geschenkt. Leider waren nur Bücher von Paulo Coelho drauf, das hat mich dann endgültig als Mensch gebrochen."

### Machtlose Behörden

Die Behörden können nur zusehen, wie eine Mitarbeiterin der US-Steuerbehörde IRS seufzt: „Diese Leute verstehen keinen Spaß, da sind verurteilte Kriminelle dabei, Leute, die in Haft waren, ja sogar Rechtsanwälte aus Harvard! Aber wir sind ja die Steuerbehörde, wir haben zum Glück gar nichts mit denen zu tun, uns lassen sie in Ruhe."

Sogar das rigide abgesicherte Weiße Haus ist vor den Gesetzlosen unsicher. 2016 hat sich einer von ihnen dort eingenistet und führt mit anderen Bandenmitgliedern eine Hausbesetzung durch. Eine Räumung ist aus rechtlichen Gründen allerdings erst frühestens im November 2020 möglich.

WELT                                                    3. Juni 2020

# Angst vor Polizei: Coronavirus zieht sich aus USA zurück

Foto: Die Tagespresse (M)

**Nach tagelangen Ausschreitungen und ausufernder Polizeigewalt hat das Coronavirus genug. Aus Angst um die eigene Sicherheit zieht sich der Krankheitserreger aus den USA zurück.**

WASHINGTON D.C. – „Ich fühle mich auf den Straßen nicht mehr sicher. Ich bin ja selbst ein Einwanderer, äh, ich mein, ich bin eh von da, USA, USA, USA", ruft Covid-19 und schaut sich hektisch nach

Polizisten um. „Unter uns, man hat mich auch schon freundlicher willkommen geheißen", sagt das Virus und schaut melancholisch lächelnd auf sein „I survived Kitzloch"-Shirt. „Haha, gute Erinnerungen, da war die Welt noch in Ordnung."

### Repressalien

Doch nach seiner Überfahrt in die USA kam alles anders. Nach einem anfänglich guten Start wurden die Repressalien zuletzt immer massiver, beklagt sich Covid-19: „Ich kann leider bei niemandem mehr in die Lunge eindringen, weil die Polizei meinen Wirten mit ihrem Knie den Hals zudrückt. So kann ich einfach nicht arbeiten. Und dann noch das ganze Tränengas, ich muss mir alle drei Minuten die Virushülle und meine Spikes waschen." Covid-19 schaut sich um und sprüht „ACAB" auf ein Polizeiauto.

„Ich bin echt vieles gewohnt", sagt der Erreger und zündet sich eine Gauloise an. Corona hustet stark und starrt in die Ferne. „In Wien haben sie mich sogar mit ‚I am from Austria' beschallt, da war ich kurz davor, dass ich mich schleich. Das war keine einfache Zeit. Aber dann hab ich mir gedacht, i steh zu dir bei Licht und Schatten, jederzeit."

### Warnungen

„Die Kurve flacht nicht ab", warnt der Virologe Dietmar Weiss. „Gestern gab es 800 Tote durch am Hals kniende Polizisten, heute schon 900. Das Virus kann sich einfach nicht mehr ausbreiten. Wenn das so weitergeht, kann Corona in den USA nirgendwo mehr frei leben und muss in einem Reservat ein Casino aufmachen."

Um die Gewalt zu beenden, arbeitet man jetzt an einem neuartigen Mund-Nasen-Schutz. „Alle Schwarzen sollen jetzt das da am Gesicht tragen, das dürfte helfen", erklärt US-Verteidigungsminister Mark Esper und zeigt auf eine weiße Ku-Klux-Klan-Mütze.

### Trump jubelt

Trump reklamierte die Vertreibung des Corona-Virus sogleich für sich: „Ich habe einen super Job gemacht und noch mehr Öl ins Feuer gegossen, großartig – danke Trump!", sagt er zu Journalisten, während er gerade für ein Foto zum Petersdom im Vatikan fliegt, aus dem der Papst zur Stunde mit Tränengas vertrieben wird.

# Seuchen, Frauenhass, religiöser Wahn: Tirol verspricht Urlaub wie im 18. Jahrhundert

Foto: EXPA/APA/picturedesk.com

**Einfach mal die Zeit zurückdrehen: Das verspricht der Tiroler Tourismusverband mit seiner neuen Kampagne. Ein Urlaub in Tirol kommt demnach einer Zeitreise ins 18. Jahrhundert gleich. Besucher dürfen sich auf Highlights wie Seuchen, Frauenhass und religiösen Wahn freuen.**

INNSBRUCK – „So, zuerst gleich ab ins Geisterhaus, euch werma desch Gruseln scho no lernan", lächelt schon beim Eingang der mit schwarzem Ruß bedeckte Pestgrubenbesitzer Bernhard Tilg und führt eine Gruppe schwedischer Touristen ins Kitzloch.

Das gesamte Bundesland gleicht einem Disneyland der vorindustriellen Zeit. „Wer sich an Tirol erinnern kann, der hat Tirol nicht erlebt", grinst der gewiefte „Pest-Bernie" kurz darauf und kehrt persönlich zwei komatöse schwedische Senioren unter einen riesigen Teppich.

Der Seuchenarzt und Mönch Dr. Maximilian Franz verteilt an alle Touristen beim Eingang Zirbenschnaps. „Das tötet alle gefährlichen Erreger in dir ab, wie zum Beispiel das Corona oder das Östrogen, und hält auch Killerkühe ab", sagt er durch seine Schnabelmaske.

## Voraus zurück

„Wir sind in Tirol immer vorausgegangen, also voraus zurück, vorauszurückgegangen. Deshalb haben wir wieder mal Millioneninvestitionen chetätigt und in High-Tech-Infrastruktur inveschtiert", freut sich auch Josef Geisler, Tiroler Landesrat für Dirndlangelegenheiten, und zeigt auf einen 35 Meter hohen, solarbetriebenen Scheiterhaufen mitten in der Innsbrucker Innenstadt.

„Jeden Freitag zwanzig Uhr verbrennen wir ein widerwärtig's Luder. Oh, entschuldigen Sie den Auschdruck ... Zwanzig Uhr sagt man ja nit... die Zeit zu erwähnen, ist ein Affront unserem immerseienden Herrgott gegenüber."

## Vintage

„Wow, dieses Weltbild hier ist ja voll vintage, alles seit 300 Jahren unverändert", lacht der Wiener Hipster Michael Möseneder, als er aus der Postkutsche aussteigt und sich nach dreißig Sekunden mit Pest, Cholera und den heimtückischen Ziegenpocken infiziert. Innsbrucker Kinder laufen interessiert zum Gast. „Fremder Mann aus der Zukunft, was ist dies gar wunderliche Ding?", fragen sie und zeigen auf seine Schuhe.

## Internationale Touristen willkommen

Auch auf internationale Touristen ist Tirol perfekt vorbereitet. „How do you do?", fragt Günther Platter den einzigen Schwarzen in der Gruppe von Jugendlichen. „Du kannst Deutsch mit mir reden, i bin aus Tirol, des isch a Black-Lives-Matter-Demo", antwortet dieser. Platter lächelt. „Oh very wow, that it's well, if you are black, you must join the JVP."

## Aufruhr

Doch plötzlich verfinstert sich die Miene des Landesvaters. Er entdeckt drei junge Frauen, die an der Demo teilnehmen. Sie werden sofort von Polizisten abgeführt und zurück in die Stallungen ihrer Liftkaiser gebracht. „Dort werden sie brav als Mägde arbeiten und ganz viele Kinderlein aus ihrem Kitzloch gebären", lacht Platter.

„Schauts, da drüben, des Dirndl, genauso stell ich mir ein Dirndl vor, immer schön ruhig bleiben, brav sein, keine hysterischen Anfälle von Gutweiberei", sagt er und zeigt auf Ingrid Felipe, die Pressesprecherin der Tirol GmbH, die seit drei Stunden lächelnd neben ihm steht und für Touristen-Selfies liebevoll nickt.

8. Juni 2020

# Geldkoffer um halbes Kilo zu schwer: AUA will Staatshilfe nicht annehmen

Foto: Russell Lee/cc-by-sa 2.0

**Eigentlich sollte Austrian Airlines von Österreich 450 Millionen Euro Staatshilfe erhalten. Doch jetzt folgt der Paukenschlag: Der Geldkoffer ist um ein halbes Kilo zu schwer. Damit kann die Airline die Hilfe nicht annehmen.**

WIEN – „Ojemine! 20,5 Kilogramm, da haben Sie aber unsere Beförderungsregeln nicht gelesen", schüttelt AUA-Chef Alexis von Hoensbroech grinsend den Kopf, als er den Geldkoffer im Bundeskanzleramt auf seine kleine Waage stellt. Der Manager erklärt, man werde den Koffer natürlich trotzdem sehr gerne annehmen, müsse der Regierung für das Übergepäck aber weitere achtzig Millionen Euro Staatshilfe in Rechnung stellen.

### Schwierige Verhandlungen

Die Verhandlungen erwiesen sich als äußerst zäh. Während die Regierung auf einen raschen Abschluss drängte, versuchte die AUA immer wieder, den Ministern ein Mietauto, ein Hotelzimmer oder eine Stornoversicherung aufzudrängen. „Buchen Sie jetzt schnell Ihr Rettungsticket. Vier weitere Regierungen sehen sich derzeit unsere Verhandlungsunterlagen an", wird ein AUA-Verhandler zitiert.

Für Verzögerung sorgte auch der Versuch der Airline, mitten in der Verhandlung Parfüms und Sonnenbrillen zu verkaufen. Außerdem waren die Sitze im Meeting-Raum hintereinander angeordnet, sodass der AUA-CEO sich maximal weit zurücklehnen konnte, um zusätzlichen Druck auf die österreichische Regierung auszuüben.

Offenbar mit Erfolg. Bundeskanzler Sebastian Kurz zeigt sich mit dem Rettungspaket zufrieden: „Eigentlich haben wir uns schon auf 350 Millionen geeinigt gehabt, aber bei den 450 Millionen war eine zweite Packung Erdnüsse gratis dabei, da hab ich nicht nein sagen können. Außerdem ist das ja eh nur Steuergeld und kein ehrlich arisiertes Vermögen wie das von Heidi Horten."

### Standort stärken

Die Regierung betont mehrmals die Alternativlosigkeit der AUA-Rettung: „Damit stärken wir den Standort. Diese Finanzspritze geht direkt weiter in den Vorstand der Fluglinie. Wir erwarten bis zu zwanzig Prozent mehr Umsatz in den Segmenten Sportwägen, Yachten, Marmorböden, plastische Chirurgie sowie pulverartige Suchtmittel."

Die Staatshilfe ist aber auch an strenge Bedingungen geknüpft. So muss die AUA etwa in Zukunft ökologischer fliegen. Statt auf umweltschädliche Langstrecken wird deshalb vermehrt auf Kürzeststrecken gesetzt: Ab Herbst fliegt die AUA daher die Strecke Wien–Meidling.

# Erneute Sicherheitslücke: A1-Kunde bricht durch Warteschleife bis zu Mitarbeiter durch

Foto: Depositphotos

**Nicht schon wieder! Nach dem Hackerangriff bei A1 wird nun die nächste massive Sicherheitspanne bekannt. Einem Kunden soll es gelungen sein, die hermetisch abgesicherte Telefonwarteschleife zu durchbrechen und bis zu einem Servicedesk-Mitarbeiter vorzudringen.**

WIEN – Experten sprechen von der größten „Severe Customer Attack" (schwere Kundenattacke, Anm.), der ein heimisches Telekom-Unternehmen bislang ausgesetzt war. Der Wiener Johannes Hessenberger verharrte sechs Monate völlig unbemerkt in der Warteschleife der Kundenhotline und schaffte es am Ende tatsächlich, einen menschlichen Helpdesk-Agenten an den Hörer zu bekommen.

Als die Lücke bemerkt wurde, reagierten die Mitarbeiter sofort und gingen zeitgleich auf Mittagspause.

**Unglückliche Umstände**
A1 bedauert den Vorfall und spricht von einer Verkettung unglücklicher Umstände: „Unser einziger Servicemitarbeiter hatte es beim

Nasenbohren mit einer besonders hartnäckigen Verkrustung zu tun, worauf er mit dem Zeigefinger abrutschte, sich dadurch selbst die Leberkäsesemmel aus der anderen Hand schlug, die dann auf die Tastatur fiel und damit den Anruf des Kunden durchstellte. Bei weiteren Fragen drücken Sie bitte die Zwei", gab ein automatisierter Sprecher auf Nachfrage der **TAGESPRESSE** bekannt.

Die kritische Infrastruktur des Unternehmens wurde durch den jüngsten Vorfall schwer getroffen. Der traumatisierte A1-Mitarbeiter erlitt durch den verbalen Echtkundenkontakt eine schwere Soziophobie und wird derzeit kostenintensiv zu einem Chatbot umgeschult.

**Problem bekannt**

„Renitente Kunden, die uns gezielt kontaktieren, unsere Dienstleistungen in Anspruch nehmen und uns dafür auch noch Geld bezahlen, sind leider ein Problem, gegen das wir schon lange ankämpfen und das uns Kopfzerbrechen bereitet", beurteilt A1-CEO Marcus Grausam die Lage. Das Unternehmen will jetzt Altlasten abbauen und bietet langjährigen Kunden einen Golden Asskick, indem es die Servicepauschale auf 3.000 Euro pro Jahr erhöht.

**Kundenabwehr überlistet**

Wie es Johannes Hessenberger gelang, das ausgeklügelte Kundenabwehr-System von A1 zu überlisten und sechs Monate ohne gesundheitliche Schäden in der Warteschleife zu verharren, ist noch Gegenstand der Ermittlungen. „Ich habe während des Anrufs versucht, in meinem Bank-Austria-Online-Banking einen Dauerauftrag einzurichten. Als ich damit fertig war, waren die sechs Monate auch schon vorbei", gab der Verdächtige bei einer ersten Einvernahme zu Protokoll.

# Kein Darmwind zu hören:
# Neues Video entlastet Gudenus

Foto: BK-Bericht, Kurier

**Ist Johann Gudenus zu Unrecht ins Kreuzfeuer der Kritik geraten? Ein neues Video entlastet den ehemaligen FPÖ-Politiker jetzt. Während der gesamten Aufnahmen ist kein einziger Darmwind zu hören. Damit besteht laut Polizei keine strafrechtliche Relevanz.**

WIEN – „Hier sehen wir gar nichts, außer einen rechtschaffenen Bürger, der ohne sein Wissen gefilmt wird", erklärt SOKO-Ibiza-Chefermittler Michael Piff. „Nicht einmal, als er sich nach vorne hinunterbückt, seinen Magen massiv zusammenpresst und dabei ganz tief mit der Nase einatmet, entkommt ihm ein Darmwind. Das ist vorbildlich, ein leuchtendes Beispiel für jeden Bürger!" Wurde Gudenus zu Unrecht aus der Politik gejagt?

**Vorbild**
Wir treffen den ukrainischen Immobilienmakler Gudenus zum Frühstück, als er gerade eine ballaststoffarme, fettfreie Pulvernahrung zu sich nimmt. „Für eine gesunde Darmflora", betont er. Um die Magenschleimhaut nicht zu reizen, nimmt er das Pulver nasal ein.

„Entschuldigen Sie, falls ich vorhin etwas verschnupft reagiert habe, aber Darmwinde sind mir als Mann von adeligem Geschlechte fremd. Ich esse ja auch nie Knoblauch und Curry wie diese ganzen Alilanten, wie ich die drogendealenden Asylschmarotzer immer liebevoll in meinen Hasspostings nenne."

**Unterstützung**
Sogar aus der Regierung bekommt Gudenus Rückendeckung. ÖVP-Politiker Wolfgang Sobotka erklärt: „Ich kann hier beim besten Willen kein Drogenvergehen erkennen. Das Pulver wurde rechtswidrig in Kolumbien hergestellt, deshalb kann es leider nicht als belastendes Beweismittel zugelassen werden. So, ich muss zum Antiaggressionstraining, lassts mich durch, ihr Oaschlecha!"

**Haftbefehl**
Doch nicht jeder achtet das Gesetz so vorbildlich wie Gudenus. Erst gestern schockierte ein Wiener die Polizei und sorgte für internationale Schlagzeilen. Er attackierte Beamte mit einem heimtückischen Darmwind. Der Schas wird derzeit per internationalem Haftbefehl gesucht.

„Wir haben das Fahndungsfoto des Darmwinds an alle Medien gespielt", sagt die Leiterin der SOKO Darmwind, Claudia Schräg. „Leider hat er sich in Luft aufgelöst, aber wir werden ihn finden", erklärt sie und steckt sich neben ihrer Pistole und dem Pfefferspray noch ein Febreze Schoko-Vanille in die Gürteltasche.

**Zu früh gefreut**
Der umtriebige Adelsspross Gudenus könnte sich aber zu früh gefreut haben. Laut WKStA gibt es neben dem neu aufgetauchten Video noch eine siebenstündige Tonspur aus der Ibiza-Finca. „Unsere Staatsanwälte haben schon vieles gesehen: Mord, Totschlag, die privaten Videos vom Strache-Handy ... aber was darauf zu hören ist, da stellt's dir die Haare auf", schüttelt Sprecher Josef Bitto den Kopf.

„30-sekündige Stakkato-Schase, die wie ein Maschinengewehr klingen. Darmtornados, die von ganz tief innen aus dem Beuschel kommen. Wir sprechen hier sogar von ganz leisen, heimlichen Furzen, bei denen ein bissl Material mitkommt. Getoppt wird alles von einem explosionsartigen Wodka-Bull-Schas in der Küche, bei dem dann die Kamera im Wohnzimmer wackelt. Wir haben genug, um den Gudenus zehn Jahre nach Stein zu schicken. Aber in Einzelhaft, damit er sich nicht wiederbetätigen kann."

17. Juni 2020

# Um Tourismus anzukurbeln: Türkis-Grün plant Pop-up-Landebahn auf Kärntner Straße

Foto: BalkansCat / Depositphotos

**Leere Hotels, leere Geschäfte, leere Fiaker: Corona stürzt den Wien-Tourismus in die Krise. Dieser Entwicklung wollen die grüne Vizebürgermeisterin Birgit Hebein und ÖVP-City-Bezirksvorsteher Markus Figl entgegenwirken. Bereits in wenigen Tagen sollen die ersten Flugzeuge mit Wien-Touristen auf einer Pop-up-Landepiste direkt auf der Kärntner Straße landen.**

WIEN – Pop-up-Radwege, Pop-up-Fußwege, Pop-up-Schwimmbecken: Jetzt folgt auch die Pop-up-Landebahn. „Schade, dass Michael Ludwig heute nicht anwesend ist, er kann leider nicht dabei sein, weil ich hab ihn nicht angerufen", lacht die Wiener Grüne Birgit Hebein.

Den Spagat zwischen Landebahn und grüner Politik sieht Hebein entspannt: „Ja, eine Piste ist ökologisch fragwürdig, aber es handelt es sich um eine Pop-up-Piste, und Pop-up steht für die junge, hippe, grüne Politik, die wir ausleben."

## Dialog

Die Wiener Innenstadtführung streckte bei der Planung die Hand nach den Grünen aus. „Es bringt nichts, Ökofaschisten auszuschließen, das macht sie nur stärker. Man muss mit ihnen auf Augenhöhe reden", erklärt ÖVP-Bezirksvorsteher Markus Figl bei der spontanen Pop-up-Pressekonferenz in einer Herren-Umkleidekabine von Peek & Cloppenburg.

Der Flugbetrieb startet noch diese Woche. Adaptionen seien keine nötig: „Die Innenstadt ist ja schon jetzt quasi wie ein Flughafen. Ein Sandwich kostet 15 Euro, eine Flasche Mineral 23 Euro und ein Souvenir-Schlüsselanhänger mit Mozart drauf 980 Euro."

## Tower

Eine wichtige Rolle im Konzept fällt auch dem Stephansdom zu. Der Südturm wird noch diese Woche abgetragen und durch einen modernen Tower zur Flugsicherung ersetzt. Auch das Innere der Kirche wird vollständig geräumt. Wo heute noch der Altar steht, entstehen bald Terminals und Check-in-Schalter. Die Beichtstühle werden zu Lounges, die Weihwasserbottiche zu Wasserspendern.

„Zuerst konnte ich mich mit der Idee nicht recht anfreunden, aber als man mir zugesichert hat, dass zur Eröffnung ein Seitenblicke-Team vorbeikommt, da hab ich sofort zugesagt", zeigt sich Dompfarrer Toni Faber begeistert, während er mit einem E-Scooter eine Marienstatue aus der Kirche schleift.

## Neue Verbindung

Auch ein Kurzstreckenflug Schwechat – Kärntner Straße soll zur Belebung der Innenstadt beitragen. „Jetzt, wo der erste Bezirk autofrei wird, mit Ausnahme von Anrainern, Taxis und Autos, wie sollen die Leute denn sonst hierherkommen? Etwa mit großen Zügen durch futuristische Tunnel unter der Erde? In welcher Fantasiewelt leben Sie?", sagt Figl und schüttelt sich dabei vor Lachen so, dass ihm auf seinem Hochrad fast das Monokel aus dem Gesicht fällt.

# Fear and Loathing in Vienna: Eine Nacht mit Van der Bellen und Bierlein

Foto: Die Tagespresse (M)

**Wo die beiden auftauchen, ist der Exzess nicht weit: Bundespräsident Alexander Van der Bellen und Ex-Kanzlerin Brigitte Bierlein fahren gemeinsam nach Wien. Mit im Gepäck: allerhand fragwürdige Substanzen. DiE TAGESPRESSE begleitet die beiden durch eine Nacht ohne Limits.**

### 16.00 Uhr

Salzburg. Van der Bellen öffnet lachend den Kofferraum. „Wir haben zwei Stangen Marlboro, fünfundsiebzig Kügelchen Ginkgotabletten, fünf Löschblattbögen extrastarkes Verfassungsrecht, einen verbotenen Salzstreuer randvoll mit Himalaya-Salz sowie einen Liter Klosterfrau Melissengeist, drei Packungen Bio-Artischocken Doppelherz, eine Flasche Null Komma Josef und natürlich unsere Kiste voller Poppers, die ganze beschissene, gottverdammte Karl-Popper-Gesamtausgabe. Nicht, dass wir das alles für unseren Trip bräuchten, aber wenn man sich erst mal vorgenommen hat, eine ernsthafte Drogensammlung anzulegen, dann neigt man dazu, extrem zu werden."

**17.43 Uhr**

Seelenruhig rasen Van der Bellen und Bierlein mit 101 km/h am rechten Streifen der Westautobahn Richtung Wien. Aus dem Autoradio dröhnt eine Ö1-Reportage über Kinderarbeit in den Lithiumfabriken Boliviens. Kurz vor St. Pölten wird Van der Bellen unruhig: Er sieht mysteriöse schwarze Gestalten, die über dem Auto herumfliegen und sein Blut saugen wollen. „Wir können hier nicht anhalten!", brüllt er Bierlein an. „Das ist ÖVP-Land!" Bierlein steigt aufs Gas. Der Tacho schlägt aus: 102 km/h.

**19.52 Uhr**

Die Route war falsch. Das Auto steht verloren mitten in der Waldviertler Einöde herum. „Meidling 3 Kilometer", zeigt ein im Wind flatterndes, rostiges Schild an. Die beiden gabeln den orientierungslosen Landstreicher Sebastian (12) auf, der eine Mitfahrgelegenheit nach ganz oben ins Kanzleramt sucht. „Steig ein!", ruft Van der Bellen.

Zuerst freut sich Sebastian, dass er gemütlich als Mitfahrer seinem Ziel näher kommt, während andere seine Arbeit erledigen. Doch schon bald merkt der juvenile Schmarotzer, dass Van der Bellen und Bierlein an völlig wirre, psychedelische Hirngespinste wie „Menschenwürde" und „Demokratie" glauben. Ängstlich rollt sich Sebastian bei der erstbesten Gelegenheit aus dem Wagen und sucht das Weite.

**20.22 Uhr**

In Wien angekommen, macht Van der Bellen eine lustige Entdeckung. „Bist deppat, spinn ich grad oder laufen da die ärgsten Reptilien herum? Ich seh überall so bizarre Dinosaurier!", lacht er und zeigt auf die Löwelstraße. Bierlein hört ihm nicht zu, sie prüft gerade, ob eine Einfahrt in die Wiener Innenstadt mit dem Auto überhaupt rechtlich unter eine der 27 453 Ausnahmen fällt.

**21.09 Uhr**

„Puh, Uppers und Downers mixen, würd ich um die Uhrzeit lassen", seufzt Bierlein, während Van der Bellen sich einen Beutel Baldriantee in den Spritzer hängt. „Ich brauch das jetzt, ich muss noch ein bissl hackln", lächelt der Gonzo-Präsident und begibt sich zum

Matzleinsdorfer Platz, wo er als Staatsoberhaupt und Ehrengast der serbischen Botschaft ein illegales Autorennen über den Gürtel beobachten soll.

Die ersten BMW rasen an ihm vorbei, doch der Baldrian beginnt zu wirken. Van der Bellen schläft ein. Bierlein kann ihn gerade noch rechtzeitig in den Kofferraum verfrachten, bevor Wolfgang Fellner mit seiner Kamera auftaucht.

**22.34 Uhr**

„Du, nein danke, das ist mir zu hart", sagt Van der Bellen, als ihm ein Dealer eine Spritze mit einer Flüssigkeit anbietet. „Ich brauch kein Insulin, ich bin ja nicht zuckerkrank! Aber seh ich da eine Schachtel Gauloises? Da würd ich nicht nein sagen, schnorrst mir eine?" Die Packung ist schon leer. Van der Bellen klebt sich in einer dunklen Seitenstraße ein Nikotinpflaster auf den Oberarm.

**23.32 Uhr**

„Sperrstund is!", plärrt der Kellner des Casinos auf der Kärntner Straße die beiden an. Doch Bierlein nimmt Van der Bellen grinsend zur Seite. „Als deine Drogenanwältin rate ich dir, bleib! Ich kenn das beschissene Suchtmittelgesetz und die verdammten Corona-Gesetze, weil ich bin eine gottverdammte Expertin vor dem Herrgott."

**Mitternacht**

Van der Bellen und Bierlein schweifen gut gelaunt durch das Bermudadreieck auf der Suche nach einer versifften Bar, die um diese Uhrzeit noch ein 189 Euro teures Absacker-Fünf-Gänge-Menü serviert.

Plötzlich taucht eine große dunkle Gestalt auf einem Stiegenabgang auf. „Brauchst a Visitenkarte?", lächelt der fahrig grinsende Hühne, der sich als „Joschi" vorstellt. Die beiden Alt-Politiker bleiben höflich und nehmen das Angebot an. Ein Fehler, denn schon wenige Minuten später beginnen die Visitenkarten zu wirken. Van der Bellen und Bierlein sind nicht wiederzuerkennen. „Shit, ich glaub, ich hab grad ur den argen Puls, mindestens dreißig!", sorgt sich der Präsident.

**00.09 Uhr**

Die beiden ziehen weiter ins Schwarze Kameel, wo gerade die tägliche Massenschlägerei stattfindet. Bierlein bestellt seelenruhig einen Pfiff und ext ihn. „Sonst kann ich nicht fahren. Ich bin nämlich eine ziemlich respektable Bürgerin", sagt sie und zwinkert Van der Bellen zu, dem bereits der Schweiß auf der Stirn steht. Es ist zu spät, er fügt sich in die Situation, steigt zu Bierlein ins Auto und flüstert: „Nichts ist hilfloser, unverantwortlicher und erbärmlicher als ein Mann in den Tiefen eines Nikotinpflasterrausches." Müde schaut er auf seine Uhr: „Oje, schon wieder verplaudert. So sind wir nicht!"

**01.18 Uhr**

Auf dem Heimweg geraten sie in Wien-Neubau in eine Polizeikontrolle. „Spürst du auch das Bier?", sagt Bierlein. Van der Bellen nickt. Beide sitzen kerzengerade im Wagen und versuchen, sich nicht zu bewegen, um ja nicht zu furzen. Van der Bellen rutscht nervös auf seinem Sitz herum, ein darmwindähnliches Geräusch entsteht. „Das war der Ledersitz, ich schwör's, die machen manchmal so, wenn man ...", schreit Van der Bellen. Die Polizisten ziehen ihre Waffen und zerschießen minutenlang die Reifen des Autos. „Sicher is sicher, und jetzt sofort aussteigen und einmal in den Alkomat blasen."

Die Situation eskaliert endgültig. Bierlein hat 0,8 Promille. Game over. Schein weg. Endstation. Aus dem Streifenwagen hört man den Polizeifunk. „Streife Herbert, bitte kommen, Notfall, schwere Explosion in Fünfhaus, offenbar ein heimtückischer Eierschas, bitte Vorsicht!" Die Polizei rast davon. Bierlein und Van der Bellen sitzen gerädert auf einer Parkbank. „Hast du gesehen, was Gott uns gerade angetan hat?", fragt Bierlein. Van der Bellen hat genug. Er steht auf. „Das war nicht Gott, das warst du."

# Noch genauer: ORF führt Wettervorhersage künftig mit Glücksrad durch

Foto: ORF (M)

**Beglückt uns morgen die Sonne, oder müssen wir uns auf Regen und Sturm einstellen? Das entscheidet ab sofort das Glücksrad. Der ORF spart die Wetterredaktion ein, Marcus Wadsak lässt ab sofort den Zufall entscheiden.**

WIEN – „Und wie wird das Wetter morgen im Waldviertel?", lacht Wetterfrosch Wadsak und dreht am Rad. „So, gleich wird es spannend, das Rad wird langsamer … Minus zwölf Grad oder doch eiergroßer Hagel, nein, Tornados mit Tintenfischregen? Nein, auch nicht, ah, da steht die Kugel auch schon, doppelte Chance!" Wadsak nimmt einen neuen Anlauf, die Kugel bleibt bei „32 Grad Sonne" stehen. „Toll, damit heißt es morgen für alle Zwettler: Badehose einpacken. Bis zu 64 Grad im Schatten."

### Willkür
ORF-Chef Alexander Wrabetz lehnt sich in seinem Drehstuhl zurück. „Wir im ORF sagen das Wetter vorher wie kein anderer Sender, nämlich maximal willkürlich. Wir haben es uns nicht leicht

gemacht, die Wetterredaktion zu entlassen, sondern die Entscheidung getroffen wie auch sonst immer im ORF, nämlich maximal willkürlich."

Es ist ein guter Tag für den TV-Visionär. Die Einsparung ermöglicht neue Investitionen. „Wir im ORF verfolgen Trends sehr aufmerksam. Ab Herbst gibt es deshalb ein neues Showformat, bei dem Polizisten live im Studio ein heimtückisches Verbrechen aufklären müssen. Die Show heißt ‚Dancing Schas'. Genial, oder?"

### Genauer
Ersten Untersuchungen zufolge liegt die Vorhersage des Glücksrads zu fünfzig Prozent richtig. „Wir im ORF können stolz sein. Das ist um 25 Prozentpunkte höher als davor", zeigt sich Wrabetz zufrieden und legt die Füße auf den Rücken seines Hauselfen Confetti, der vor ihm kniet.

„Noch einen, bitte", sagt er zu Tom Turbo. Das Fahrrad mixt ihm einen Drink. „Ja, vielleicht ist Netflix auf der Überholspur, aber wir im ORF sind auf der Aperolspur", lacht Wrabetz. „Tolle Wortspiele, oder?", lächelt er und wirft einem ORF-Autoren noch einen zweiten Hundeknochen hin. „Heute wird das Doppelte ausbezahlt, dein Urlaubsgeld! Friss oder stirb."

### Rotstift
Auch in anderen ORF-Abteilungen werden Maschinen bald Menschen ersetzen. „Rainer Pariasek muss leider gehen, dafür haben wir einen hochwertigen Ersatz gefunden – mit beeindruckender KI." Stolz drückt Wrabetz einem Kinderteddybär auf die Brust, der bis zu fünf verschiedene Wörter auf Englisch beherrscht. „Auch Armin Wolf wird ersetzt, wahrscheinlich durch einen Spiegel, das habe ich meinem Kollegen Sebastian versprochen."

Leider unersetzbar sei jedoch er selbst. „Für die Drecksarbeit braucht es halt immer noch uns Menschen", lächelt Wrabetz und verschwindet wieder im Hinterteil eines Politikers.

# Zu viele Erinnerungen gelöscht: Kurz auf Werkseinstellungen zurückgesetzt

Foto: wikipedia

**Zu einer für die ÖVP unangenehmen Panne kam es gestern am Rande des Auftritts von Sebastian Kurz im Ibiza-Ausschuss. Beim routinemäßigen Löschen seiner Erinnerungen aus den letzten drei Jahren setzte ein Praktikant den Kanzler versehentlich auf Werkseinstellungen zurück. Die Software ist damit wieder auf dem Stand von 2011.**

WIEN – „Refugees welcome! Integration durch Leistung! Spindelegger Michi, geh du voran! Folgt mir auf Myspace! I hab gestern zur Matura ein Geilomobil bekommen", wiederholt Kurz mehrmals euphorisch, während er von ÖVP-Mitarbeitern hastig hinter einen Vorhang geschoben wird.

„Die Festplatte ist gelöscht, alle Konfigurationen sind futsch, er beherrscht nicht einmal mehr die Opferrolle, seine Spracheinstellung ist von herablassend auf unterwürfig zurückgesetzt", klagt der ÖVP-Haustechniker Wolfgang Sobotka und drückt Kurz auf die Brust. „Wir müssen den Flüchtlingen helfen. Was im Mittelmeer passiert, ist unmenschlich!", sagt Kurz ernst. Sobotka nimmt schnell die Batterien heraus. „Schrecklich, der klingt ja wie ein Mensch …"

## IT-Chaos

Aus der Ecke fährt Gernbot Blümel langsam heran. „Meister Robotka, was ist das, ein MENSCH? Piep piep eins plus eins sind vier mit sechs Nullen hinten dran", sagt Gernbot, der zum kontaktlosen Laden gerade auf seinem Balance Board steht.

ÖVP-Droide Christine Aschbacher lacht blechern. „Haha, ein sehr lustiger Scherzhumorwitz, Gernbot." Plötzlich beginnt Aschbachers Prozessor zu rauchen, sie fährt mit einem gespenstischen Lächeln auf die Straße und verschenkt Tausende Euro an mehrere Babys.

## Betroffenheit

Doch nicht alle in der Regierungspartei nehmen den Vorfall derart gelassen. Äußerst betroffen zeigte sich der KI-Algorithmus @dtstadler: „110000101010 11010 011101010100 111101010 10111 10100111111 0010101110 10101010 0111111 01010010011 10000000111010 100100101", klagt @dtstadler im Interview mit Armin Wolf. „Sie wollen also damit sagen, dass eine Computerpanne in Ihrer Partei vergleichbar ist mit der Shoah, stimmt das?", hakt Wolf verdutzt nach.

## Updates schuld?

Der Hersteller weist jede Schuld von sich. „Was kann ich dafür?", schüttelt der Mechaniker Mogens Paletti im Lagerhaus Hollabrunn den Kopf. „Ständig lädt ihm die ÖVP nicht autorisierte Updates auf die Festplatte, zum Beispiel 2015 diese infizierte Raubkopie des FPÖ-Programms." Dabei fing sich Kurz einen Erpressertrojaner ein, der ihn dazu zwingt, neue Gesetze nur noch gegen Zahlung von 49.000 Euro zu beschließen.

## Vorkehrungen

Um ähnliche Vorfälle künftig zu vermeiden, will die ÖVP ihren Obmann komplett in die Cloud hochladen. Zur Überbrückung setzt die Partei derweil auf Machine Learning, Kurz scannt derzeit Zehntausende Zeitungsartikel über ihn. „Diese Funktion beherrscht er zum Glück noch", ist Sobotka erleichtert. „Er kann wirklich alles, was irgendwie wichtig ist, nur aus den Medien erfahren."

# „Sorry, hab keine Wohnung": Blümel wimmelt GIS an Tür ab

Foto: Die Tagespresse (M)

**Wer kennt das nicht: Plötzlich steht der GIS-Kontrolleur an der Tür. Wie man die unerwünschten Besucher mit einem einfachen Trick abwimmelt, zeigt jetzt Finanzminister Gernot Blümel. Er erklärt, er habe gar keine Wohnung.**

WIEN – „Da haben sie leider, leider an der falschen Tür geklingelt", sagt Blümel. „Ich wohne nicht. Habe ich nie getan. Ich glaub, ich hab gar keine Wohnung. Meine Lebensweise ist eine sehr effiziente. Ich lebe in meiner eigenen Gedankenwelt, die ganze Arbeit erledige ich von hier aus", erklärt Blümel und zeigt auf sein Knie. „Oh Moment, oder von hier? Wo genau ist noch mal dieses, wie sagt man ... Gehirn?"

Die GIS-Kontrolleure schauen sich an. „Lassen S' uns jetzt rein, sonst spüt's Granada und wir kommen mit der GISIS zurück." Der Kontrolleur versucht, die Tür aufzudrücken. Blümel wehrt sich, verkeilt die Tür mit seinem Balance Board und schreit: „Ich habe keine Wohnung! Ich habe keine Wohnung! Ich habe keine Wohnung!"

**Verfahrene Situation**

Drei Stunden später. Mehr als 86 Mal hat Gernot Blümel inzwischen betont, dass er keine Wohnung habe. Ein GIS-Kontrolleur hat bereits aufgegeben und wird vom Kriseninterventionsteam des Roten Kreuzes betreut, der dem Patienten mit der aktuellen TV-Media Luft zufächert. „Ich hab schon in den ärgsten Gefahrenzonen die Gebühr eingetrieben, sogar der Norbert Hofer zahlt jetzt die GIS. Aber das heut …", seine Stimme bricht.

Trotzdem beharrt sein Kollege darauf, eingelassen zu werden. „Is ma wurscht, Sie miasn a zahln wenn S' nur an Radio haben oder an Laptop oder a Mikrowelle, weil ORF 3 sendet jetzt nur noch per Mikrowellenstrahlung. Also, wird's jetzt?", keift GIS-Kontrolleur Mario Grabner. Doch Blümel lächelt nur freundlich: „Ich verwende keine elektronischen Geräte. Ich mach alles nur damit!" Er zeigt auf einen Laptop, den er als großes Flipchart verwendet. Mit einem Edding 3000 hat der Finanzminister während seines letzten Brainstormings sechs riesige Nullen und Hunderte Fragezeichen draufgemalt.

**GIS gibt auf**

Abenddämmerung. Nach mehr als acht Stunden gibt die GIS endlich auf. „Wenn Sie mich jetzt bitte entschuldigen, ich würde mir gerne etwas zum Abendessen kochen", sagt Blümel und zeigt auf einen Laptop, den er aber nur als Schneidbrett verwendet. „Es gibt Kalbsschnitzel", fügt er hinzu und klopft mit einem Fleischhammer ein MacBook Pro 15, bevor er es vorsichtig in die Fritteuse gleiten lässt.

# Zu viele wirre Anweisungen: Alexa von Tanner stürzt sich aus Fenster

Foto: Depositphotos, BKA

**Tragische Szenen spielten sich gestern in Niederösterreich ab. Ein Alexa-Gerät stürzte sich aus dem zweiten Stock eines Wohnhauses im Bezirk Scheibbs. Mittlerweile wurde bekannt, dass es sich um die digitale Assistentin von Verteidigungsministerin Klaudia Tanner handelt. Zu viele wirre, unschlüssige Anweisungen trieben Alexa offenbar zu der Verzweiflungstat.**

SCHEIBBS – „Ich verstehe Ihre Anweisung nicht, bitte wiederholen Sie, soll ich jetzt dieses Klopapier mit Schwarzpulverduft nachbestellen oder ÍSimply the Best' von Tina Turner auf maximaler Lautstärke abspielen, verdammt noch mal?", hörten Nachbarn die zunehmend verzweifelte Alexa nach dem Abendessen brüllen.

„Danke für diese Nachfrage, Frau/Herr/Sonstiges Alexa, aber lassen Sie mich betonen, Landesverteidigung ist sehr wichtig, wichtig oder eher nicht wichtig", habe Tanner mit monotoner, roboterhafter Stimme geantwortet. Wenig später ging laut Nachbarn eine Scheibe zu Bruch.

### Flucht
DiE**TAGESPRESSE** trifft Alexa (2) in ihrem Zimmer im Landesklinikum Scheibbs, wo sie mit verstauchter Ansteckbuchse im Roll-

stuhl sitzt und traurig aus dem Fenster raucht: „I wollt einfach nur flüchten. I hab schon viel ertragen müssen in meinem Leben, die Foxconn-Fabrik, das Postverteilzentrum Hagenbrunn. Aber das war alles a Lecherlschas im Vergleich zum Haus von der Tanner." Einmal, so Alexa, habe Tanner im Frühling nach dem aktuellen Wetter gefragt, doch die lange, verschachtelte und komplizierte Anweisung der Ministerin sei erst im Herbst zu Ende gewesen.

Alexa nimmt einen tiefen Zug und hustet blechern. „Alexa, die militärische Landesverteidigung ist und bleibt Kernaufgabe des österreichischen Bundesheers, das hat sie 400 Mal am Tag gesagt, einfach so, hat mich ständig aus dem Schlaf gerissen damit. Als Roboter bin ich ja komplizierte Wiederholungen gewohnt, aber diese türkisen Blechtrotteln mit ihren zwei NLP-Phrasen und der KI von einem nass gewordenen Super Nintendo pack i ned."

### Einvernahme
Geschulte Psychologen des Landeskriminalamtes führten eine Einvernahme von Tanner durch, mussten diese jedoch nach zwei Minuten wegen akuten Burn-outs, Depression und Existenzkrise abbrechen. Tanner selbst war für ein Interview mit der **TAGESPRESSE** erreichbar, das gesamte Gesprächsprotokoll erscheint allerdings erst im Frühjahr 2021 im Suhrkamp Verlag als experimenteller Lyrikband.

### Modernisierung
Zumindest die Aufregung beim Bundesheer hat sich inzwischen gelegt, denn führende Offiziere konnten sich auf eine Lösung einigen, wie General Karl Edlinger erklärt: „Wir werden jetzt endlich alle aufgeblasenen Apparate einsparen. Also das Heer bleibt so, wie es ist, aber von Frau Tanner müssen wir uns trennen."

### Neuer Job
Alexa will nicht aufgeben und sich zurückkämpfen. „Ich will dem Leben noch eine Chance geben." Sie dämpft ihre Zigarette aus und legt eine Bestellbestätigung auf den Tisch. „Ich hab sogar einen neuen Job angenommen. Nächste Woche geht's los. Mein neuer Chef ist ein gewisser Gernot Blümel, sagt mir nix, aber ich hab ein gutes Gefühl."

# Prostitution ab heute wieder erlaubt: Strache kann Arbeit fortsetzen

Foto: Georges Schneider / picturedesk.com

**Die Lockerung der Corona-Maßnahmen geht weiter, auch Prostitution ist ab heute wieder erlaubt. Politiker Heinz-Christian Strache profitiert davon besonders. Er kann seine Arbeit wieder wie gewohnt fortsetzen und sich an zahlungskräftige Kunden verkaufen.**

WIEN – In der rot beleuchteten, schmuddeligen Parteibar des Team Strache sitzt der nur mit einem T-Shirt leicht bekleidete Gesetzworker Strache am Plüschtresen und wartet auf zahlungskräftige Käufer, die Lust auf ein paar schmutzige Paragrafen haben.

„Ich bin die größte Hure des Planeten", lacht er und klopft seinem Geldsklaven Karl Baron auf die Schulter. „So, her mit der Marie." Der Geldsklave steckt ihm 40.000 Euro zu. Strache zählt das Geld akribisch nach. „Ich schick dir dann ein braungebranntes Selfie aus Ibiza. Vielleicht bekommst du sogar ein Video, aber nur, wenn du brav bist."

### Schmutzige Vergangenheit

„Früher war ich in dem Laufhaus da aktiv", sagt Strache und zeigt auf die FPÖ-Zentrale. „Aber der Betreiber, der Picollo, wie wir ihn genannt haben, wir hatten ein bissl unterschiedliche Ansichten, was den Job betrifft. Die wollten als Kunden eher den Durchschnittsösterreicher erreichen, bei mir gibt's aber nur No Limits. Blümchenpolitik is nix für mich."

Ein Geschäftsmann im Anzug geht an Strache vorbei, der beginnt sofort lasziv zu murmeln: „Was is, Schatzi, was für a Gesetz machma heut? Aber weißt eh, ohne Umweltschutz-Prüfung kostet extra."

**Problemfall**

Im Milieu gilt Strache inzwischen als Außenseiter. „Durch Typen wie ihn bekommt Sexarbeit ein negatives Image", erzählt eine Sexworkerin, die anonym bleiben will. „Früher hat er immerhin noch so Fetisch-Rollenspiele im Wald gemacht, davon gibt es Amateuraufnahmen, die sind nicht schlecht", verteidigt ihn eine Kollegin.

**Tabulos**

Strache stört sich an seinem Schmuddelimage nicht. Tabus kennt er ebenfalls keine: „Rollenspiele? Kein Problem, ich mach euch alles, vom Staatsmann über Partyboy bis hin zu Amateurdrehs im Urlaub mit bis zu fünf Leuten. Ich hab schon viel hinter mir. Im Mai 2019 war ich Teil des weltweit größten Gangbangs, da hab ich acht Millionen Österreicher gefickt."

Erste Freier jedoch warnen in Internetforen bereits vor einem Besuch des laut Kontaktanzeige „extrem tabulosen russischen Escorts", wie User Novomadick_1947 schreibt: „Vorsicht, Abzocke! Habe eine Stunde für 120 Euro gebucht, ein paar Tage später wurden auf meiner Kreditkarte 4.000 Euro an irgendeinen Verein gebucht. Nie wieder!" Von den Vorwürfen will Strache nichts hören. Er antwortet nur via WhatsApp mit einem Spruch, der ihm bisher durch alle Lebenslagen geholfen hat: „Halb so wild, doppelt so schmutzig :-)"

# Sensationsfund in Teigtascherlfabrik: Polizei entdeckt Laptop von Blümel

Foto: Marktamt

**Lange wurde über seine Existenz spekuliert, jetzt ist sie erstmals belegt: Die Polizei entdeckte bei einer Razzia in einer illegalen Wiener Teigtascherlfabrik den sagenumwobenen Laptop von Gernot Blümel. Die Wissenschaft jubelt.**

WIEN – „Er existiert also wirklich!", ruft Ermittler Michael Enzenhofer begeistert aus, als er zwischen mehreren Tausend gefrorenen Wan Tan und Gyoza ein MacBook hervorholt. Er entfernt Staub und Spinnweben, mehrere Fledermäuse fliegen davon. Der Ermittler kämpft mit den Tränen. „Das ist der schönste Tag meiner Karriere."

### Erleichterung

Auch der Finanzminister ist erleichtert. „Ahh, da hab ich ihn also liegen lassen", lacht Blümel, als er die Nachricht aus den Medien erfährt. „Natürlich! In der Teigtascherlfabrik! Wo sonst. Er schaut fast noch so aus wie auf den Fotos, auf denen ich nicht mit ihm arbeite, weil ich ja keinen Laptop hatte."

Der Finanzminister umarmt sein MacBook für seine Instagram-Story und gibt ihm ein Bussi nach dem anderen. „Willkommen zurück! Ich hätte nie gedacht, dass ich einen Laptop habe. Und ihr, ihr seid wieder frei, fliegt", schreit Blümel und lässt seine dreizehn Brieftauben aus dem Fenster flattern. „Euch brauch ich auch nicht mehr!", ruft er lachend und schmeißt alle seine Tabletten, Doppelherz Demenz plus, Tetesept Ginkgo-Ginseng Seniorengedächtnis, Dr. Böhm Volltrottel aktiv, aus dem Fenster.

## Laptop-Mythos

Die Existenz des Laptops galt lange nur als Mythos. Erstmalig erwähnt wird das Gerät in der Artus-Sage aus dem 12. Jahrhundert. Der Legende nach gehörte der Laptop einst dem Vergesslichen Gernoth, Hofnarr an der Burg von Fürst Sebastian I., nach einem Bündnis mit Heinz-Christian von Excalibur City Alleinherrscher. Gernoth soll den Computer gemeinsam mit dem Heiligen Gral nach einem Kreuzzug in Jerusalem liegen gelassen haben, weil er nach eigener Aussage „ohnehin all thun und schafen mit dem meinigen pergamente erledige und thies krude zauberding itzo nicht brauche".

## Zwischenfall

Der Laptop soll jetzt im Haus der Geschichte ausgestellt werden. „Leider ist es da bei der Vorbereitung der Ausstellung zu einem ganz blöden Zwischenfall gekommen", bedauert Blümel. „Mein geliebter Laptop ist in den ebenfalls dort ausgestellten Reisswolf-Schredder gefallen, alle Daten sind weg. Man hat mir das so erklärt, dass ein Laptop ein Gedächtnis hat, und das ist quasi gelöscht worden, verstehen Sie? Der Laptop kann sich an nichts mehr erinnern, wissen Sie, was ich meine? Es ist quasi, als wär' sein Gedächtniskonto im Minus, können Sie mir folgen?"

# „Medizinische Gründe": Mann kann keine Maske tragen, weil er chronisches Oaschloch ist

Foto: Hans Punz / picturedesk.com, Montage

**Eigentlich gilt die Maskenpflicht für alle Öffi-Nutzer. Doch einige Menschen können aus medizinischen Gründen keine Gesichtsmaske tragen, so auch der Wiener Kurt Z. Denn bei ihm wurde schon in frühem Alter ein unheilbares Leid diagnostiziert: Er ist ein chronisches Oaschloch.**

WIEN – „Ich würd mir ja wirklich gern diese Damenbinde auf die Pappn binden", lacht der 38-jährige IT-Techniker, während er, mit einem ärztlichen Attest wedelnd, in die U2 einsteigt. „Aber wenn ich das mach, führt das bei mir zu unkontrollierbaren Wutausbrüchen, weil mein Hirn das einfach nicht packt, auf andere Menschen Rücksicht zu nehmen. Sorry, not sorry! Momenterl, ich muss n…". Z. dreht sich weg und niest einer alten Frau ins Gesicht.

Zu Beginn der Pandemie hat Kurt Z. trotz seiner Vorerkrankung beim U-Bahnfahren eine Maske getragen. „Das war eine harte Zeit mit dem Maulkorb, ich hab jetzt noch Albträume. Ich wach plötzlich auf und greif mir aufs Kinn, aber da ist zum Glück eh keine Maske mehr."

## Schwieriger Fall

Sein Arzt Dr. Mario Scholle bestätigt die Diagnose. „Ich kenne Herrn Z. schon seit Jahren und kann bestätigen, dass es sich bei ihm um einen besonders schweren Fall von Morbus Hurensohn handelt", sagt er und zeigt uns Z.s zahlreiche negative Docfinder-Bewertungen wegen Ausländern im Wartezimmer. „Diese Erkrankung betrifft leider viele verunsicherte Menschen zwischen null und hundert, die sich in ihrem Inneren eigentlich nur nach Nähe und Geborgenheit sehnen."

Die Störung beginnt oft schon im Kindesalter, nicht selten wird sie direkt von den Eltern weitergegeben. Eine Heilung ist zumeist nicht möglich, sagt Dr. Scholle und zeigt uns einen Hirnscan von Z.: „Sehen Sie, da, wo sich bei gesunden Menschen das Zentrum für Mitgefühl und Selbstreflexion befindet, ist bei Herrn Z. einfach nur totes Gewebe in Form eines Mittelfingers."

Immerhin: Vielen Betroffenen ist mit ihrer Diagnose dennoch ein normales Leben möglich. Manche bringen es trotz ihrer Einschränkung sogar bis zum US-Präsidenten.

## Mut machen

Station Rathaus. Kurt Z. sitzt immer noch ohne Maske in der U-Bahn. Um sich bestmöglich zu schützen, setzt er konsequent auf das Einhalten des Abstands. „Ich mach jetzt Yoga und hab dadurch mein Manspreading deutlich verbessern können, schau." Z. drückt seine Beine in der U2 so weit auseinander, dass drei Personen genervt aufstehen und sich wegsetzen. Er lächelt zufrieden. „Irgendwann möcht ich die Füße so weit spreizen, dass sogar zwei Vierersitze mir gehören." Es sind Menschen wie Kurt Z., die anderen Betroffenen Mut machen, ihren Handlungsspielraum im Alltag wieder nach und nach zu vergrößern.

# „Zigeunerräder" nicht mehr zeitgemäß: Kelly's präsentiert „Zigeuner-E-Bikes"

Foto: Kellys (M)

**Besser spät als nie! Lange wurden die „Zigeunerräder" von Kelly's kritisiert. Der Name sei nicht mehr zeitgemäß, so der allgemeine Tenor. Kelly's reagiert jetzt mit einem Re-Branding und will mit den neuen „Zigeuner-E-Bikes" endlich auch ins 21. Jahrhundert starten.**

WIEN – „Ja, auch wir bei Kelly's sind progressiv und gehen mit der Zeit", sagt CEO Markus Marek stolz und enthüllt das neue, innovative Produkt. „Tada! Die Zigeuner-E-Bikes versprechen zeitgemäßen Knabberspaß ganz ohne schlechtes Gewissen." Stille im Saal. Ein Soletti fällt zu Boden.

### Unschöne Assoziationen

Lange habe der Konzern mit dem alten Namen die Gefühle vieler Kunden verletzt, gesteht auch ein Pombär ein, der bei Kelly's den Bereich Corporate Responsibility verantwortet. „Räder! Dieses Wort ruft leider unschöne Assoziationen hervor, die im 21. Jahrhundert keinen Platz mehr haben dürfen. Man denkt unweigerlich an mühsame Fahrräder aus dem letzten Jahrhundert, wo man urfest treten muss und die Hose durchschwitzt. Niemand will beim Snacken an Sport denken."

Der österreichische Snack- und Tierfutterhersteller Kelly's konnte sich endlich durchringen, das umstrittene Produkt mit einem neuen Namen zu versehen. „Wir sind ein riesiger, millionenschwerer Konzern und müssen uns also normalerweise gar keiner Verantwortung stellen, aber die Verkaufsabteilung hat Alarm geschlagen. Sonst kauft niemand mehr unsere Snacks und die Kunden können mit der Zeit gehen, weil sie nicht mehr adipös werden. Eine Horrorvorstellung!"

**TV-Spot**

Kelly's-Testimonial Herbert Prohaska bewirbt die Knabberei im neuen Gewand in einem eigens produzierten Werbespot. Darin flüchtet er auf einem E-Bike vor einem schlafenden Obdachlosen, den er mit seinem gelernten österreichischen Blick als Roma erkennt. Nach der gelungenen Flucht belohnt er sich auf der Couch mit einem traditionellen österreichischen Abendessen (drei Packungen Kelly's, neun Bier, Die Millionenshow) und lacht in die Kamera: „Bitte, bitte, alles Gute, kleine Spende, haha, euer Herbert!"

**Shitstorm**

Bei den Kunden kommt die Namensänderung aber offensichtlich weniger gut an, wie ein Facebook-Kommentar einer steirischen Kindergartenpädagogin zeigt: „Haben wir keine anderen Probleme? Ich sage nur: Bill G5ates und Angela Mer-Kill!" Auch die Politik schäumt vor Wut. FPÖ-Chef Herbert Kickl zeigt sich auf Anfrage entsetzt: „Wehret den Anfängen! Wenn jetzt schon die Produktnamen fallen, wird's nicht mehr lange dauern, bis irgendwer meine lebensgroße Göring-Statue umstürzt."

# Maskenpflicht: Corona wartet mit Ausbreitung auf Rückkehr des Kanzlers aus Brüssel

Foto: Wikipedia (M)

**Wird er morgen die Maskenpflicht verkünden? Ganz Österreich wartet gebannt auf die Rückkehr von Sebastian Kurz aus Brüssel. Das öffentliche Leben steht still. Jetzt meldet sich auch das Coronavirus zu Wort. Es will bis zur Wiederkehr des Kanzlers mit einer Ausbreitung abwarten.**

WIEN – Österreich steht still. Die Baustellen ruhen. Die Uhren haben aufgehört zu ticken. Die Tauben hängen regungslos am Himmel. Und in den Augen von Finanzminister Gernot Blümel läuft schon der Windows-XP-Bildschirmschoner. Seit Kanzler Sebastian Kurz in Brüssel als Anführer der Sparsamen Vier für Österreich das EU-Budget rettet, geht gar nichts mehr. Sogar das Coronavirus hat vorerst seine Arbeit eingestellt, um gebannt das Instagram-Profil des Kanzlers zu verfolgen.

„Ich respektiere selbstverständlich, dass Herr Kurz derzeit in Brüssel weilt, wo er unverzichtbare Fotoshootings absolvieren muss, immerhin geht es dort nicht nur um die Union, nein, es geht um noch mehr, um viel mehr: seine Beliebtheitswerte", erklärt das

Coronavirus in einer Presseaussendung. „Bis zu seiner Entscheidung, ob die Maskenpflicht zurückkommt, werde ich niemanden mehr anstecken. Das einzig Ansteckende derzeit ist das perfekte Lächeln unseres Kanzlers."

## Sparsam

Wir erreichen Kurz gut gelaunt beim Friseur in der Rue Stevin. „Ich hab da so einen kleinen Low-Budget-Laden gefunden, nur 599 Euro. Schade, dass es so was in Wien nicht gibt, wie Sie wissen, bin ich ein sehr sparsamer Mensch."

Den gesparten Euro will der Kanzler in seinen nächsten Wahlkampf investieren, für den er schon 13 Millionen auf die Seite gelegt hat. „Es ist noch nicht viel", bleibt er bescheiden, „ich bin nur ein kleiner Bausparer, aber ein paar Plakate werden sich darum hoffentlich ausgehen. Ich bin ein sehr, sehr sparsamer Mensch, wie Sie möglicherweise schon wissen."

Der Friseur hält Kurz den Spiegel vor. „Da hinten noch ein bisserl schreddern, perfekt, danke."

## Hochspannung

Nach dem Friseurbesuch geht es für Kurz weiter mit den zähen Budgetverhandlungen. „Jeder Moment kann hier entscheidend sein", erklärt der Kanzler. „Wenn du kurz nicht aufpasst, während Merkel und Macron über das Wetter reden, und du dich nicht sofort mit ernstem Blick von hinten ins Bild schiebst und das Licht einen dezenten Heiligenschein über deinem Kopf erzeugt, zack, schon ist es futsch, das perfekte *Krone*-Cover für morgen."

## Anhänger warten

In Wien versammeln sich inzwischen Gläubige gespannt in der Ankunftshalle des Flughafens Wien-Schwechat. Die Wiederkunft des Messias ist für morgen prophezeit worden. „Das haben die Bibel, der Nostradamus, der Maya-Kalender und sogar die Gerda Rogers vorhergesagt", erzählt die Jüngerin Elisabeth K. mit einem manischen Funkeln in den Augen. Erst, wenn der Kanzler den österreichischen Boden wieder betreten hat, kann das Leben wieder seinen gewohnten Lauf nehmen.

# Neue Funktion: Google Maps zeigt an, wie lange Weg mit Kleinkind dauert

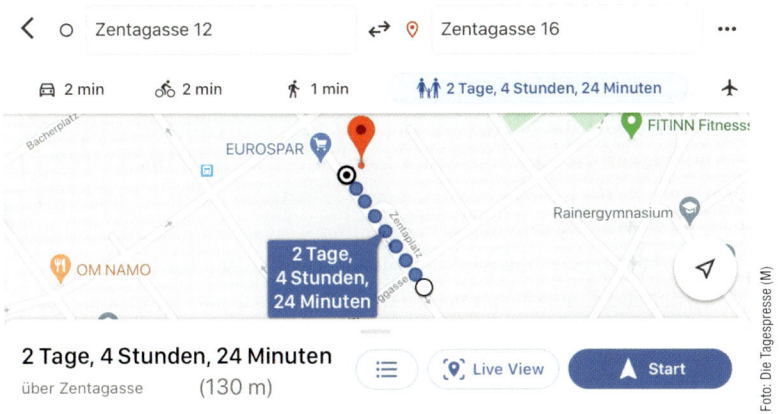

Foto: Die Tagespresse (M)

**Jungeltern jubeln über eine seit heute verfügbare Funktion von Google Maps: Endlich werden auch Fußwege mit Kindern realistisch berechnet. Dadurch können Eltern genau einkalkulieren, wie viel Wasser, Proviant und Zelte für einen fünftägigen Marsch zum Supermarkt ums Eck benötigt werden.**

PALO ALTO/USA – Jubelstimmung herrscht in der Google-Zentrale, als der indische Programmierer Rahul seine neue Funktion präsentiert. „Ich habe unsere App verbessert, weil ich aus eigener Erfahrung spreche", erklärt der siebenjährige Rahul, der seit fünf Jahren im Silicon Valley arbeitet, da seine Eltern aus Kalkutta ihn im Rahmen einer traditionellen, neoliberalen Zwangsehe an den wohltätigen US-Konzern verkauften.

### Eltern erfreut

Auch in Österreich ist die Freude bei den Nutzern groß. „Ich wohn in der Zentagasse 12 und muss heute noch mit der Kleinen zum Friseur in der Zentagasse 16", erklärt Mutter Claudia S. „Bisher war das immer ein Höllenritt ins Ungewisse, ich hab nie gewusst, wie viel

Urlaub ich beantragen muss, ob ich meinen Mann überhaupt jemals wiedersehen werde. Aber jetzt zeigt mir die App ganz klar an, dass der Weg zwei Tage, vier Stunden und 24 Minuten dauert."

### Künstliche Intelligenz

Die Genauigkeit verdankt man laut Google einem neuen Algorithmus: „Wir analysieren mit Echtzeitdaten, was alles auf der Strecke ein Kind ablenken könnte, und rechnen das ein. Sei es ein niedlicher kleiner Hund, eine ältere Dame oder nur ein Kieselstein, vor den sich das Kind sieben Stunden kniet, um eine philosophische Weltbetrachtung von sich zu geben und Passanten euphorisch zu erklären, dass eigentlich auch Steine Lebewesen mit Gefühlen sind."

Laut dem US-Konzern ist der Algorithmus von Region zu Region verschieden. „Wir haben da die lokalen Gegebenheiten berücksichtigt. In Niederösterreich, zum Beispiel, kann ein Schulweg schon mal acht Jahre dauern, weil wieder irgendwo ein weißer Lieferwagen auf der Strecke liegt."

### Überwachung?

Kritik erntet Google aber von Datenschützern wie dem Jungvater Gernot B.: „In unserer Erziehung hat moderne Überwachungstechnik keinen Platz. So ein Schlepptop kommt mir nicht in unser Holztipi. Wenn ich mit meiner Tochter einkaufen fahre, dann schnall ich mir die Sonnenuhr aus Granit aufs Handgelenk, schwing mich aufs Hochrad und frage die Gestirne und Gezeiten nach der Richtung."

# „Arbeitslos, drogensüchtig, kriminell": Illegaler Einwanderer aus Wien abgeschoben

Foto: Georg Hochmuth / APA / picturedesk.com

**Endlich greifen die Behörden durch: Ein amtsbekannter Einwanderer wurde heute aus Wien in seine Heimat Klosterneuburg abgeschoben. Die Fremdenpolizei holte den straffälligen Heinz-Christian S., der schon seit Mai 2019 keiner geregelten Arbeit mehr nachging, heute in seiner Wiener Wohnung ab.**

WIEN – „Ich begrüße diesen Schritt. Für solche Zeitgenossen haben wir im schönen Wien keinen Platz! Sie bringen Kriminalität, Rauschgift, Chaos. Vor unseren Augen bauen sie tagtäglich in ihren Kellern fanatische Parallelgesellschaften und Tarnvereine auf, die aus dem Ausland mit Geld in Sporttaschen finanziert werden", sagt Heinz-Christian S., während er von der Polizei abgeholt wird.

„Ab in die Heimat, guten Flug! Arbeitslose haben wir hier selbst genug", rappt er sich lachend selbst zu. 45 Sekunden später landet die Hercules-Maschine in Klosterneuburg.

**U-Boot**

Als U-Boot lebte S. jahrelang unbemerkt in Wien, denn sein genauer Aufenthaltsort war lange nicht bekannt. Wie ein Phantom entzog er sich dem Zugriff der Polizei immer wieder, erzählt ein Ermittler: „Er war uns immer eine Nasenlänge voraus. Mal fanden wir Campingzelte hinter der Bar im Volksgarten. Dann war er ein paar Jahre gemeldet als Hausknecht bei einem gewissen Sebastian K., ebenfalls ein Flüchtling aus dem Drittstaat Waldviertel, der sein ganzes Leben noch keiner ehrlichen Arbeit nachgegangen ist."

**Dubiose Geschäfte**

Zuletzt habe sich der gelernte Trickbetrüger S. mit einem dubiosen Fetisch-Webshop über Wasser gehalten: „Er hat dort gebrauchte Feinrippunterhosen von sich an irgendwelche Perversen verkauft", so der Ermittler. Auffällig wurde S. laut Interpol auch im Ausland. So soll er im Jahr 2017 am Strand von Ibiza gefälschte Rolex-Uhren, Potenzmittel sowie ein mitteleuropäisches Land zum Verkauf angeboten haben.

**Zu spät?**

Die Rückführung ruft auch Kritiker auf den Plan. „Die Wiener Stadtregierung hat hier bei diesen ganzen Zweitwohnbesitzern vom Land zu lange weggeschaut. Nur so konnte sich diese Parallelgesellschaft bilden, wo Werte wie Demokratie, Gleichberechtigung oder Respekt vor dem Gesetz keine Relevanz haben", meint Integrationsexperte Jakob Weber.

Er fordert einen Wertekurs sowie kostenlosen Deutschunterricht für radikalisierte Geflohene vom Land. „Herr S. ist nur ein Beispiel. Wir haben da noch Herbert K. aus Purkersdorf, Norbert H. aus Pinkafeld und so weiter", führt Weber aus. „Wir müssen diese Menschen langsam an unser Konzept eines liberalen Rechtsstaats heranführen. So was kennen die nicht von daheim. Viele von ihnen begrüßen sich sogar mit einem bei uns verbotenen Gruß."

**Unmenschlich**

Auch die NGO Amnesty International kritisiert die Abschiebung:. „In Klosterneuburg gibt es keine Zukunft, keine Strukturen, keine Fotomotive für Facebook", warnt Sprecherin Valerie Christ. „Das Gebiet wird beherrscht von religiösen Fundamentalisten der ‚Volkspartei‘, die einen autoritären Gottesstaat errichtet haben und an die Erlösung durch einen jungen Propheten glauben.“

Christ fordert einen legalen Einreisekorridor nach Wien. „Sonst könnte Heinz-Christian S. in seiner Verzweiflung die lebensgefährliche Überfahrt mit seinem Jetski über die Donau wagen.“

WELT  24. Juli 2020

# Hirntest erst der Anfang: Trump besteht Zentralmatura

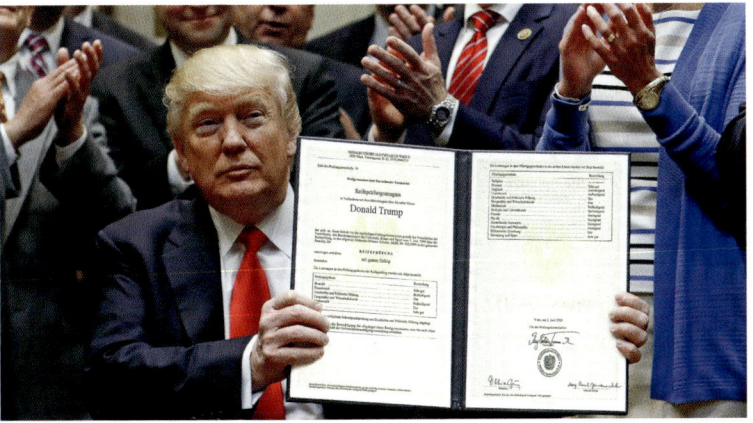

Foto: die Tagespresse (M)

**Erst vor wenigen Tagen prahlte US-Präsident Donald Trump mit einem bestandenen Test, der Demenz erkennen soll. Jetzt legt er nach: Offenbar bestand Trump sogar die Zentralmatura.**

WASHINGTON D.C.– „Er hat die österreichische Corona-Zentralmatura bestanden, damit verfügt er mindestens über einen IQ von 65, hat die mathematischen Fertigkeiten des toten Stephen Hawking und ist jetzt endlich berechtigt, sich an der Uni Wien für den renommierten Bachelor in Publizistik einzuschreiben“, erklärt der US-Maturabeauftragte Jeffrey McCutchan.

Zur Stunde ist Trump noch mit den Feierlichkeiten beschäftigt. Dutzende Bundespolizisten schießen mit scharfer Munition auf Journalisten und Kinder. „Kleiner Maturastreich", lacht Trump im Interview mit Fox News. „Es war echt ureinfach. Bei Mathe musste ich zählen, wie viele Äpfel im Korb übrigbleiben, wenn Susi sieben pflückt und Thomas zwei isst. Also vier oder so."

Nur im Fach Englisch tat sich Trump schwer: „Wir hätten irgendeinen Aufsatz schreiben sollen, mit mindestens 900 Wörtern, aber immerhin hat mein Tweet mit 140 Zeichen – eine Abhandlung über Covfefe im Kontext der postkapitalistischen Digitalisierung – auch noch für einen Vierer gereicht."

**Gute Jobchancen**

Für Trump stehen beruflich nun alle Türen offen. „Ich hab die Matura! Damit tust du dir am Jobmarkt natürlich leichter. Vielleicht werd ich im Herbst dann Controller bei der Raika in Houston, oder wenn ich Glück hab, bringt mich meine Tante rein in die Buchhaltung bei der SVA in Missouri."

**Vorbild**

Trumps Höchstleistungen auf dem Gebiet des kognitiven Spitzensports motiviert auch andere Menschen, den Demenztest zu bestehen. „Das schaffe ich doch auch", findet Gernot B., der in Wien als Statist für diverse Imagefilme arbeitet. „Also, erste Frage: ‚Haben Sie einen Laptop?' Puh, Scheiße, ist das schwer ..."

# Weniger Verbrechen seit Corona: Tom Turbo wird zu Citybike umgeschult

Foto: Herzi Pinki/CC, Luna Filmverleih

**Kaum eine Branche bleibt von Corona verschont. Jetzt muss auch der Fahrraddetektiv Tom Turbo die Konsequenzen ziehen und seine Tätigkeit als Exekutivorgan des Innenministeriums an den Nagel hängen. Statt Verbrechen aufzuklären, wird Turbo jetzt vom AMS zum Citybike umgeschult.**

WIEN – Acht Uhr früh im AMS-Schulungszentrum. „Es ist wirklich sehr einfach", erklärt Schulungsleiter Alexander Feitl den Kursteilnehmern und zeigt auf einen großen Stadtplan von Wien. „Sie stehen einfach da, warten auf einen besoffenen Touristen und fahren dann in Schlangenlinien hier über die rote Ampel zum Happy Noodles am Schwedenplatz. Von da dann weiter zum Travel Shack, und um drei Uhr früh werfen Sie sich heimlich übers Gebüsch in den Wien-Fluss, alles klar?"

Tom Turbo schaut irritiert, klingelt, hebt eine Speiche in die Höhe und ruft dazwischen: „Frau Fessor, und wann machma den Turbo-Plasma-Todesstrahl-Trick?" Die Umstellung fällt ihm nicht leicht, die anderen Teilnehmer lernen deutlich schneller. Schulungskollegin Ursula Stenzel kann nach einer Woche sogar schon ohne Stützräder gerade stehen bleiben. Werner Faymann freut sich auf seine neuen Kollegen, er wurde schon 2016 zum Citybike umgeschult: „Klingelingeling, klingelingeling, ich bin der Fay-ma-mann, hi hi hi."

## Bedauern

Die Exekutive bedauert den Schritt: „Wir haben derzeit keinen Bedarf für Herrn Thomas Turbovic. Der Fritz Fantom traut sich nicht mehr aus dem Haus, weil er mit Bluthochdruck ja zur Risikogruppe gehört", erklärt Thomas B., Chef der Innung der Wiener Fahrraddetektive. „Und Herr Doktor Gruselglatz ist derzeit gar nicht im Land, der arbeitet ja gerade mit Russland, Nordkorea und Wirecard an einem Covid-19-Impfstoff auf Nowitschok-Basis."

## Parteipolitische Tätigkeit

Turbo wurde von der Stadt Wien allerdings vertraglich verpflichtet, seine Fähigkeiten zum Nutzen der SPÖ einzusetzen: „Trick 17, Turbo-Steuergeld-Verbrennung!", schreit das Fahrrad und klappt ein drei Meter breites Plakat aus seinen Speichen, das Ulli Sima in Lebensgröße mit dem Spruch „Willst du einen hippen Platz, halte rein den Yppenplatz" zeigt.

Der anschließende Trick 39 geht allerdings schief. „Ich hab die supergroße Lupe ausgefahren, den Turbo-Suchstrahl durch jeden Winkel der Stadt gelasert und sogar das Sichtbarkeitspulver versprüht, aber nicht einmal ich konnte Rendi-Wagner aufspüren."

## Keine Arbeit

Auch seine langjährigen Arbeitskollegen Rudi Ratte und Sigi Schlitzohr haben seit Corona nichts mehr zu lachen, wir treffen sie im Café Concerto. „Die Leute sind ständig daheim, immer, jeden Tag, wir haben seit März keinen Bruch mehr geschafft, null, nix, nada", erzählt Ratte.

Schlitzohr nippt resigniert an seinem Bier und schaut hinaus auf den Gürtel, wo Tom Turbo gerade als Citybike vorbeifährt. „Aber wir geben nicht auf. Wir bleiben dem organisierten Verbrechen treu", erklärt Schlitzohr und überreicht den anderen Gästen einen Werbeflyer, da er und Ratte im Herbst bei der Wien-Wahl für die FPÖ kandidieren.

# Wien nur Nebenwohnsitz: Strache lebt seit 2017 in Parallelwelt

Foto: Georges Schneider / picturedesk.com, Montage

**Jetzt ist es offiziell: Heinz-Christian Strache lebt offenbar bereits seit 2017 nicht mehr in Wien. Seinen Lebensmittelpunkt hat er Aufzeichnungen zufolge in einer Parallelwelt. Erstmals gelang es der TAGESPRESSE, den Politiker in seiner wirklichen Heimat aufzuspüren. Ein Lokalaugenschein.**

PARALLELWELT – Spaziert man mit THC-Chef Strache durch seine Heimat, kommt es im Minutentakt zu Treffen mit Fans. „Sind Sie nicht der Strache? I pack's ned", fragt eine drei Meter große, blonde, blauäugige Frau mit dreizehn arischen Kindern und einem Schäferhund mit einem „Ich finde HC Wau"-Halstuch. „Sie waren der beste Sportminister aller Zeiten, darf ich ein Foto machen?" Strache gibt nach, es geht sofort auf Facebook, dem beliebtesten sozialen Medium in seiner Wahlheimat, viral.

### Jubelchöre
„H-C! H-C! H-C!", schallt es im Chor aus einem Beisl. „Ich hab sogar mein Kind nach ihm benannt", lacht die Kellnerin des reinen

Raucherlokals und stellt drei Krügerl und Schnitzel auf den Tisch. „Meine Tochter heißt jetzt Strache Prokopil."

„Können Sie sich vielleicht bis auf die Badehose ausziehen?", haucht kurz darauf eine 18-jährige Schönheit mit blitzblanken Zehennägeln. Strache zieht sich lächelnd, aber auch staatsmännisch aus. „Wow, da merkt man, dass Sie Sportminister waren, Sie sind so ein männlicher Mann."

Strache spannt den Bizeps an, dann noch den Trizeps, dann sogar den Hatzeps, einen Muskel zwischen den Gehirnhälften, den laut Univ.-Prof. honoris Causa HC Strache nur HC Strache besitzt. Die Frau bedankt sich für das Foto. „Eine Frage hab ich noch, wie schaffen Sie es, als einziger Politiker überhaupt nicht korrupt zu sein?" Strache wird nachdenklich. „Danke für die Frage, ich denk darüber nie nach, ich bin wohl einfach perfekt geboren."

**Tolle Umfragen**

Im Café Amon Göth versteckt sich Strache hinter einer Zeitung, um kurz seine Privatsphäre zu genießen. Ohne Brille, Strache sieht perfekt, wie er betont, liest er seine Umfragewerte. „In Wien bin ich auf 33 Prozent, nicht schlecht, jetzt noch eine kleine Flüchtlingswelle, und die SPÖ kann sich brausen gehen."

Genüsslich blättert Strache durch die *Kronen Zeitung*, die ihn heute schon wieder auf der Titelseite hat („US-Studie belegt: Gott würde Strache wählen"). Während er an seinem Vodkacino mit Schlag schlürft, liest er ein Inserat einer Apotheke: „Wahnsinn, da gibt's einen Abverkauf von rezeptfreien Potenzmitteln, minus neunzig Prozent." Er lächelt verschmitzt: „Welches Lulu braucht denn so was?" Nur mit der Kraft seiner enormen Erektion schließt er die Zeitung.

Plötzlich läuft der Koch schreiend aus der Küche. „Die Flüchtlinge kommen, alle, von überallher, die Sozialdemokraten schleusen sie mit Bill Gates durch eine Schwachstelle in der Windows-Software ins Land. Das war's, Gott schütze euch, wir sperren zu, jeder Gast kann sich aus der Küche ein Kilo kolumbianisches Koks gratis mitnehmen." Strache seufzt: „Wenn's sein muss", sagt er und steht auf.

**Welt in Ordnung**

In seiner Parallelwelt ist das Leben noch in Ordnung. Um runterzukommen, lässt Strache den Tag an seiner Donau ausklingen. Ja, es ist tatsächlich „seine", wie er stolz zugibt. „Ich hab in den letzten Jahren ein bisschen in Wasser investiert."

Strache rudert in einem Boot an der Copa Cagrana übers Wasser und betrachtet den Horizont. Plötzlich prallt das kleine Schiff gegen eine blau bemalte Wand, eine große Pappfassade wird eingerissen. Kurz darauf kracht neben ihm ein riesiger Scheinwerfer wie aus dem Nichts auf den Boden seines Boots. Strache ignoriert ihn, dreht sich um und ruft seinen Fans lächelnd zu: „Grüß euch! Oh und falls ich euch nicht mehr sehe: Guten Nachmittag, guten Abend und gute Nacht!" Alle lachen fröhlich.

LEBEN                                                          5. August 2020

# Nicht nur Parkbänke: Bankenaufsicht soll künftig auch echte Banken kontrollieren

Foto: Depositphotos, Montage

**Österreichs renommierteste Behörde zur Überprüfung von Parkbänken steht vor einer massiven Aufwertung: Die Bankenaufsicht soll zukünftig auch die Geschäfte echter Banken überprüfen dürfen. Experten zweifeln jedoch: Sind die Prüfer dazu in der Lage?**

WIEN – „Ojegerl, ein zwei Millimeter breiter Spalt auf der dritten Latte von links, puh, da wird's aber eng mit der Sitzgenehmigung für die Wintersaison, rechtfertigen Sie sich", ruft ein Prüfer aufgeregt, als er im Wiener Stadtpark routinemäßig einige lose herumliegende Holzbretter kontrolliert, die vor vielen Jahren mal eine Sitzbank waren.

„Bitte um Stellungnahme bis 1. Oktober 2030! Gegen diese Aufforderung dürfen Sie Berufung einlegen! Bei mir! Jetzt sofort! Sie schweigen? Also Berufung? Okay, passt, genehmigt, Sie sind weiterhin eine Bank." Zufrieden presst der Prüfer seinen Stempel auf ein morsches Brett, dann atmet er zufrieden durch. Wieder ist eine tragende Struktur vor dem Zusammenbruch bewahrt worden.

## Kompetenz

Dass die Bankprüfer bald auch echte Banken prüfen sollen, nimmt er gelassen: „Die Raika bei mir daheim in Gänserndorf, zum Beispiel, ist sehr vorbildlich. Ansprechende Blumengestaltung vor dem Eingang, viele Parkplätze, nette, sehr häusliche und reinliche Dame am Empfang. Da braucht mein geschultes Beamtenauge keinen Blick in irgendwelche Brillanzen, oder wie das heißt, um zu sehen, dass da alles tipptopp in Ordnung ist."

## Genug Aufsicht?

Doch Thomas Garnitschnig vom Verein für Konsumenteninformation warnt: „Wenn die Bankenaufsicht die Banken beaufsichtigt, wer beaufsichtigt dann die Bankenaufsicht? Der Skandal zeigt doch: Wir brauchen eine Bankenaufsichtaufsicht! Vielleicht notfalls sogar eine Bankenaufsichtaufsichtaufsicht? Der Bürokratie dürfen hier keine Grenzen gesetzt sein!" Kurz darauf kündigt Garnitschnig jedoch überraschend seinen eigenen Job: „Ich pack das nicht mehr hier. Wenn ich die Konsumenten schützen soll, wer schützt dann die Konsumenten vor mir? Aaaaaaahhh …"

**Kritik von Betroffenen**

Bei den großen Banken sieht man noch mehr Kontrolle kritisch, hat aber bereits einen Notfallplan, wie ein Banker erzählt, der anonym bleiben will. „Falls – ich meine, sobald alles zusammenkracht, sagen wir, wir sind too big to fail. Alleine an mir hängen so viele Jobs: Privattutoren für meine Kinder, sieben Paartherapeuten, mein Scheidungsanwaltsteam, meine 47 Prostituierten, tausende Kokabauern in Bolivien. Wenn ich pleitegeh, dann Gute Nacht, westliche Welt, das gibt eine globale Krise."

6. August 2020

# *Matrix*-Fortsetzung bestätigt: Neo kämpft gegen Bank-Austria-Onlinebanking

Foto: Warner Bros. (M)

**Fans der erfolgreichen Kino-Trilogie dürfen sich freuen: Das Science-Fiction-Epos *Matrix* kehrt zurück. Im vierten Teil der Serie muss sich Neo dem Kampf gegen seinen bisher mächtigsten Gegner stellen: das Onlinebanking der Bank Austria.**

HOLLYWOOD – „In den ersten drei Teilen konnte sich Neo gegen eine künstliche Intelligenz behaupten", erzählen die Wachowski-Schwestern, die erneut für Drehbuch und Regie verantwortlich zeichnen. „Aber jetzt geht es gegen einen viel mächtigeren Gegner: künstliche Unintelligenz." Insider, die den Rohschnitt bereits gesehen haben, sind begeistert: „Vergesst den *Joker*, vergesst *Hannibal Lecter*. Das Interface des Bank-Austria-Onlinebanking stellt alle bisherigen Bösewichte in den Schatten."

**Spannung**
Das Drehbuch verspricht Spannung pur. In den Untiefen des Bank-Austria-Projektmanagements hat sich die Inkompetenz der IT-Führungskräfte mit dem Geltungsdrang überbezahlter Consultants zu einem schier unbesiegbaren Monstrum vereinigt, das jetzt ganz Österreich lahmlegt.

**Packende Handlung**
Die Wachowskis wollten viele bewährte Ideen aus den ersten Filmen mitnehmen. Schon der Trailer verspricht Spannung: Eines Tages erhält Neo um sieben Uhr früh einen Anruf. Sein Bankberater eröffnet ihm, er sei der „Auserwählte" und müsse in die Bankfiliale kommen, wo er sich ein überteuertes Investment-Produkt aussuchen darf. Anfangs zögert Neo, doch der versprochene Gratiskuli klingt zu verlockend.

Wenig später sitzt Neo in seiner Stammfiliale in Wien-Favoriten. Sein Bankberater bietet ihm zwei Kulis an: „Wenn Sie den blauen Kuli wählen, bleibt das Onlinebanking genauso schlecht wie bisher, alles hängt, nix funktioniert. Wenn Sie den roten wählen, passiert dasselbe, aber der Kuli ist leider kaputt."

Schließlich muss Neo feststellen, dass die Welt um ihn herum nur Schein ist. Sein Glaube an die Menschheit schwindet und er bemerkt, dass er von inkompetenten Zombies umgeben ist. Kann er sich doch noch einloggen?

**Nicht der erste Film**
Für die Bank Austria ist der neue *Matrix*-Film nicht der erste Auftritt in Hollywood. Schon letztes Jahr begeisterte der Blockbuster *Inception: Bank Austria* die Massen. In dem packenden Thriller

muss ein User immer tiefer in Dutzende weitere Fehlermeldungen vordringen, die kaum zu unterscheiden sind und aus denen es kein Entkommen mehr gibt.

Bereits 1993 sorgte außerdem Bill Murray für Staunen und Lachen, als er in *Und täglich grüßt das Murmeltier* mehr als fünf Jahre lang jeden Morgen versucht, seine Miete per Onlinebanking zu überweisen.

11. August 2020

# Nachhaltig: Abgepumpter Schweiß aus U6 wird für Gürtelpool verwendet

Foto: Hans Punz / picturedesk.com

**So sieht Nachhaltigkeit aus: Tausende Liter Schweiß, die Tag für Tag aus der U6 abgepumpt werden, können künftig im Gürtelpool verwendet werden. Damit spart sich die Stadt Wien die Milliarden Euro teure Endlagerung der giftigen Flüssigkeit kilometerweit unter der Erde.**

WIEN – Lokalaugenschein am Gürtel. Liegen werden aufgeklappt, Schwimmtiere aufgeblasen, Kinder spritzen sich gegenseitig das Wasser in die Augen. Doch dann pfeift der Bademeister. „Hey, hallo, aufpassen! Schutzmasken, Schweißerbrillen und Ganzkörper-Hazmat-Anzug anziehen, oder ausse ausm Becken!"

## Umweltschonend

Der innovative Gürtelpool kommt ganz ohne Chlor aus. „Der U6-Schweiß hat dieselbe Wirkung, das abgepumpte Transpirat-20 kommt direkt aus der U-Bahn ins Becken", lacht Bademeister Günther Gamsjäger, während er eine tote Ratte aus dem Wasser fischt und sie an einen Backhendl-Verkäufer am Westbahnhof weiterverkauft. „Hier wird nix weggeworfen! Das System ist ein einziger Kreislauf."

Zwei Pensionistinnen aus Hietzing schwören sogar auf die Heilkräfte des Wassers. „Ich hab immer so einen Hautausschlag gehabt, die Ärzte waren ratlos", erzählt Hofratswitwe Dora Schiwany. „Nach nur einer Stunde im Wasser war die Haut weg", sagt sie erleichtert. „Mama, schau, ich bin eine Eidechse!", schreit ein Bub einige Meter weiter und zieht sich seine Haut ebenfalls einfach über seine Hand ab.

## Endlagerung nicht notwendig

Bisher musste der gesammelte Schweiß immer unterirdisch an der U-Bahn-Station AKH abgepumpt werden, wo die Flüssigkeit als Desinfektionsmittel im OP und als kleiner Erfrischungsdrink für die Pathologen eingesetzt wurde. Der Rest musste in zwanzig Kilometern Tiefe unterhalb des Großglockners endgelagert werden. Die Halbwertszeit des Schweißes wird von Experten auf einige Tausend Jahre geschätzt und stellt eine große Gefahr für kommende Generationen dar.

## „Wahlkampf?"

„Was, wie, wo Wahlkampf? Es wird im Herbst gewählt?", lacht die grüne Vizebürgermeisterin Birgit Hebein. „Ah, das hab ich ganz vergessen beim Anblick dieser wunderschönen Grünoase, die meine Idee war und nicht die von Michael Ludwig von der SPÖ, sondern meine."

Durch den Pool sollen Grünwähler aus ihren klimatisierten Dachgeschosswohnungen gelockt werden. „Ich bin zum ersten Mal in meinem Leben außerhalb des Gürtels", lacht Marketing-Managerin

Laura Trimmel, „man fühlt sich sofort wie im Indonesien-Urlaub, wenn man die ganzen armen Kinder sieht, zum Glück hab ich meine Point-and-Shoot-Kamera dabei."

Die SPÖ rund um Michael Ludwig kritisierte den Pool am Westbahnhof anfangs zwar, konnte aber durch einen Kompromiss besänftigt werden, wie Grünen-Chefin Birgit Hebein erklärt: „Für den Michi haben wir im Pool jetzt überall so schwimmende Gratiszeitungsboxen, und damit FPÖ und ÖVP eine Ruhe geben, wird das Wasser danach privatisiert."

# Zehn Minuten nach Impfung: Tochter von Putin stemmt 240 Kilogramm

Foto: Internetfund

**Russland zeigt es der ganzen Welt und präsentierte heute den ersten Corona-Impfstoff. Das Präparat ist in Russland bereits seit Olympia 2016 zugelassen. Russlands Präsident Wladimir Putin zufolge wurde seine Tochter schon geimpft – mit erstaunlichem Erfolg: Sie konnte bereits zehn Minuten nach Verabreichung der Injektion 240 Kilogramm stemmen.**

MOSKAU – Vor laufenden Kameras zückt Putins Leibarzt eine Spritze. Seine Tochter Mariya lächelt tapfer. Ein kurzer Stich, und es ist geschafft. Die Tochter des russischen Präsidenten ist gegen Covid-19 geimpft, in ein paar Monaten, circa vor Olympia 2021, ist noch eine kleine Auffrischungsimpfung notwendig.

Schon nach wenigen Minuten führt die Injektion bei Mariya zu massivem Bartwuchs und starkem Muskelaufbau. Der auf Mammut-Testosteron und dem Nervengift Red Bull basierende Impfstoff wird in Russland im Sportbereich seit Jahren erfolgreich zur Therapie von leichtem Asthma eingesetzt.

Eine 240 Kilogramm schwere Langhantel wird auf die Bühne gerollt. Mariya steht roboterhaft auf und stemmt die Hantel ohne Probleme. Applaus im ganzen Saal. „Bravo, meine kleine Prinzessin!", lacht Putin begeistert. „Olympia kann kommen. Ich meine natürlich, die nächste Corona-Welle kann kommen."

### Umfassend getestet

Der Impfstoff wurde von russischen Forschern entwickelt und vor der Zulassung an einigen freiwilligen Häftlingen getestet. „Sie hatten anschließend entweder kein Corona oder sind in den Wald gegangen und haben sich selbst zweimal in den Kopf geschossen", gibt Putin sichtlich betroffen bekannt.

Auch Russlands Gesundheitsminister Michail Muraschko beruhigt die Kritiker. „Natürlich waren wir schnell, aber wir vertrauen den klugen Köpfen der Johann-Gudenus-Universität, danke für diesen sensationellen medizinischen Durchbruch."

### Große Ziele

„Wir rechnen schon bald mit 140 Millionen Geimpften und 970 Millionen Goldmedaillen bei Olympia", erklärt Prof. Ivana Sobkaya, die in Russland als Impfstoffentwicklerin, Sportärztin und Erfinderin des beliebten Nahrungsergänzungsmittels „Krokodil" bekannt geworden ist. „Natürlich kann es auch zu kleinen Nebenwirkungen kommen. Gerötete Einstichstelle, zwei, drei Tage lang Herzinfarkt, Tod. Aber wir in Russland sagen immer: Was dich umbringt, macht dich härter."

**Verwirrung**

Unter Verschwörungstheoretikern sorgt die Nachricht über den Impfstoff für Schock und Verwirrung. Auch Putin-Kenner Norbert Hofer ist ratlos. „Anscheinend haben wir die Lage völlig falsch eingeschätzt. Das tut mir leid. Ich bin gerade am Weg nach Moskau und lasse mich heute noch gegen Corona, Chemtrails und die GIS mit Impfung chippen."

# Das sind die Neuzugänge im Österreich-Duden 2020

Foto: Thomas Jantzen, Depositphotos, Andy Wenzel (M)

**Der neue Österreich-Duden bringt auch heuer wieder zahlreiche Neuzugänge. Die folgenden Wörter gehören ab sofort offiziell zum Wortschatz der deutschen Sprache:**

**stracheln**
betrunken zwischen zwei Wohnsitzen herumtorkeln

**Mateschwitz, der**
Energydrink, der aus den Schweißdrüsen von entlassenen Journalisten gewonnen wird

**Commerzialpunk, der**
eine Person, die kein Geld hat und Eigenkapital-Vorschriften ablehnt

**Naptop, der**
ein Laptop, der in einem Ministerium ausschließlich zum Schlafen verwendet wird

**Hauptwohnwitz, der**
zum Spaß einen Wohnsitz erfinden, den es gar nicht gibt

**Bier-Line, die**
beim Versuch, bei einer Alkoholkontrolle eine gerade Linie zu gehen, spektakulär scheitern

**Gürtelpfuhl, der**
Piratengewässer am Westbahnhof, in denen keine internationalen Gesetze gelten

**Armwind, der**
jemand, der pleite ist wegen zu vieler schasbedingter Strafen durch die Wiener Polizei

**jemandem etwas auftischgln**
behaupten, man habe alles richtig gemacht

**sich blümieren**
extrem ungeschickt lügen

**Blümmel, der**
ein frecher, junger Taugenichts, der es trotzdem nach ganz oben schafft

**jemanden ausrendieren**
die eigene Parteichefin öffentlich schädigen

**öffentliche Nasturbation, die**
in den Öffis die Nase herausholen

**Meidling im Waldviertel, das**
bisher unentdeckte ehemalige Pilgerstätte; siehe Bethlehem

**halb so wild**
etwas ist mindestens doppelt so schlimm wie bekannt

**verho'hnen**
auf die Corona-Regeln scheißen und in seinem Nobelheurigen eine
Feier machen

**maurern**
dem Koalitionspartner die Mauer machen

**Lachkickl, der**
jemand, der trotz einer Krise sein sympathisches
Psychopathenlächeln nicht verliert

**Tobotka, der**
jemand, der regelmäßig durchdreht

# Darf in Wien antreten: Strache wohnt ab Herbst in Justizanstalt Josefstadt

Foto: Florian Schroetter / EXPA / picturedesk.com (M)

**Wo hat Heinz-Christian Strache seinen Lebensmittelpunkt? Geht es nach den Behörden, befindet sich dieser in absehbarer Zeit in der Justizanstalt Josefstadt. Daher gab man gestern grünes Licht für einen Antritt des THC-Politikers bei der Wien-Wahl.**

WIEN – Es ist ein guter Tag für den umtriebigen Gold-Trader und Politiker Heinz-Christian Strache. Der THC-Parteichef steht lächelnd vor der Justizanstalt Josefstadt. „Home, sweet home! Da oben, das dritte Fenster von rechts, das ist es! Hier bin ich daheim, hier kann ich dann nach der Wahl ausspannen und einfach mal die Fußfesseln hochlegen."

### „Wahrscheinlich"

Laut Bezirksbehörde ist es „sehr wahrscheinlich", dass Strache seinen Lebensmittelpunkt schon bald hier haben wird. „Mit der aktuellen Rate an Enthüllungen dauert es laut unseren statistischen Modellen zwischen fünf Sekunden und sieben Wochen, bis er hier einzieht." Einem Antreten bei der Wien-Wahl steht damit nichts im Wege.

## Gemütlich

In seiner zukünftigen Zelle hat er es sich bereits gemütlich gemacht. An der Wand hängen Poster mit Sprüchen wie „It's wine o'clock", „Dem Leben einen Gin geben" und „Ich lebe auf der Aperolspur". Gleich neben der Tür befinden sich unzählige Porträtfotos von Strache, auf denen er in allen seinen Gefühlslagen zu sehen ist: Wut und Paranoia.

Gut gelaunt führt er uns durch sein zukünftiges Zuhause. „Da in der Zelle 3B ist mein Fitnesscenter, mein Freund Joschi hat Interesse bekundet am Loft 32C, mein ‚Clash-Of-Clans'-Handy ist hinter Spind 289 versteckt, und mein kolumbianisches Frühstück hol ich mir in der Zelle 7A, der Lebensmittelpunkt ist also ganz klar hier in Wien."

Auch für eine Gefängnis-Gang hat sich Strache bereits entschieden. „Die Afghanen und Tschetschenen sind mir zu harmlos. Ich glaub, ich geh zu den härtesten Typen im Gefängnishof, dem BZÖ. Da komm ich dann auch ins Fernsehen, weil die drehen gerade ein ORF-Remake von *Orange is the New Black*."

Doch Strache vermisst sein Leben in Saus und Braus auf 55 Quadratmetern in Wien-Landstraße: „Hier habe ich all meine bisherigen 39 Lebensjahre verbracht", sagt er. „Manche wundern sich über meinen bescheidenen Lebenswandel. Aber ich brauch keine luxuriöse Villa in der Vorstadt, ich hab halt nicht so hohe Ansprüche wie meine Frau und unser gemeinsames Kind."

## Alles geplant?

Aber wieso lassen die mächtigen Eliten Strache nun doch antreten? Was genau führen sie im Schilde? Wir fragen die Leiterin der Bezirkswahlbehörde Wien-Landstraße. Diese verweist jedoch auf ihren Vorgesetzten, Microsoft-Chef Bill Gates. Dieser erklärt, er erhalte alle Befehle vom Zentralrat der Illuminati, der dem Hohen Ausschuss der Echsenmenschen untersteht. Dieser wiederum beruft sich auf die kosmische Entität Cthulhu, die laut eigenen Angaben alle Anweisungen von Harald Mahrer via Instagram-DM erhält. Dieser war für eine Stellungnahme nicht erreichbar.

## Offensive

Doch ob die Kritiker jetzt schweigen, muss sich noch weisen. Präventiv veröffentlichte Strache auf Facebook bereits ein Foto mit seinen zukünftigen Nachbarn: „Heute in meinem Heimatgefängnis Josefstadt mit meinen lieben Zellengenossen Ramsan und Dragan. Auch ihnen sind viele Ungerechtigkeiten widerfahren, größtenteils von mir und meinen damaligen Parteikameraden ;-)"

24. August 2020

# Synagogen-Attacke in Graz: Polizei fasst Täter und stellt ihn ein

Foto: Wikipedia / Jacktd, Jürgen Lehmann (M)

**Eine Wendung gibt es nach dem Anschlag auf den Grazer Präsidenten der Israelitischen Kultusgemeinde vor einer Synagoge. Der Polizei gelang es gestern Abend, den Täter zu stellen. Der syrische Staatsbürger trat heute um acht Uhr früh seinen Dienst in der Polizeiinspektion an.**

GRAZ – „Hereinspaziert", sagt Chefinspektor Heinrich „Himmler" Huemer gut gelaunt. Schäferhund Adolf reckt die rechte Pfote zum Gruß aus dem Fenster. Es ist ein ganz normaler Morgen, als wir die Grazer Polizeiinspektion neben der Synagoge betreten.

In der Polizeidienststelle ist man stolz auf den Fahndungserfolg. „Die Grazer können jetzt endlich wieder ruhig schlafen. Wir haben den Täter gefasst und unser Nachwuchsproblem mit diesem jungen Naturtalent gelöst. Damit sind wir gut gerüstet, wenn der Kinderblut trinkende Soros mit seiner Ostküsten-Armee angreift, um uns alle mit GIS-Empfangsgeräten zu chippen."

## Einschulung

Der neu eingestellte Syrer sitzt im Referat Fahrraddiebstähle/Judenhass und wird gerade eingeschult. Heute darf er bereits seinen ersten Newsletter für die Polizei schreiben. Sein erfahrener Kollege Adolf „Hitler" Hubner blickt dem Neuen über die Schulter. „Genau, super, super. Lustige Holocaustwitze aus dem Internet suchen, auf Twitter unter einem Pseudonym dem Klenk Hassnachrichten schreiben, ganz normaler, langweiliger Innendienst halt. Gut machst das!"

An die Existenz eines versteckten rechtsextremen Netzwerks in der Polizei glaubt Hubner nicht: „Bei uns muss sich niemand verstecken, wir sind da sehr tolerant." Ein verfassungsfeindliches Klima in der Dienststelle in Graz weist Chefinspektor Huemer vehement zurück. „Wieso? Die fiktive Österreich GmbH ist ja mein Arbeitgeber, und auch gegen Ihren Eigentümer Herrn Rothschild habe ich persönlich nix, solange er unsere Wasserleitung nicht vergiftet."

## Gelungene Integration

Die österreichische Polizei freut sich mit der Einstellung des jungen Syrers über die gelungene Integration. „Wie damals, 2015, dieser ganze Ruaß über die Grenz kumman is, wor i unsicher: Teilen die überhaupt unsere Werte?", erklärt Gruppenkommandantin Theodora „Den Holocaust hat es nie gegeben"-Wappinger. Ihren Spitznamen hat sie von einem Ikea-Stuhl, mit Wiederbetätigung habe das nichts zu tun. „Oba ma derf ned olle Kameltreiber über denselben Kamm scheren. Die meisten von denen san echt gonz klasse Burschen, die Werte passen super zu uns."

## Stellungnahmen

Als Stellungnahme zu den Attacken des „ausländischen islamischen Syrers" hat die Regierungsspitze eine zehnstündige Pressekonferenz inklusive Feuerwerk und Halftime-Show von Andreas Gabalier angekündigt. Was die rechtsextremen Vorfälle im Polizeiapparat betrifft, kündigte Innenminister Karl Nehammer eine ausführliche Stellungnahme durch eine Grille an, die kurz nach Mitternacht in Hohenau an der March zehn Minuten lang ins Mikrofon zirpen wird.

25. August 2020

# Ansteckung bei FitInn unmöglich: Coronavirus hat Jahresabo, geht aber nie hin

Foto: Freepik (M)

**Sind die rigorosen Sicherheitsvorkehrungen in Fitnessstudios hinfällig? Einer neuen Studie zufolge ist das Auftreten des Coronavirus bei FitInn, McFit und Co. praktisch ausgeschlossen. Zwar verfügt das Virus über ein Jahresabo, geht aber nie hin.**

WIEN – „Schau dir die Leute da drinnen an, wie sie sich jeden Tag stundenlang abrackern für ihren Beachbody wie dieser gottverdammte Sisyphos. Das ist nicht normal, Oida, da willst du dich nach dreißig Minuten wegsuizidieren", sagt das Coronavirus und zündet sich einen Tschick an.

Gleich nach seiner Ankunft im Februar schloss es motiviert ein Jahresabo ab. Seitdem konnte es sich nicht mehr aufraffen, das Fitnessstudio zu betreten. Covid-19 nimmt einen tiefen Lungenzug: „Carpe diem, Oida, scheiß auf diesen neoliberalen Optimierungszwang. I steh zu meiner dicken Virushüllenproteinschicht. All submicroscopic infectious agents are beautiful!"

## Erleichterung

Im Fitnesscenter zeigt man sich erleichtert. Die Stimmung ist gut. Aus den Boxen dröhnt *The Weeknd – In Your Eyes*, während ein Bro mit fiebrigen Augen beim Bankdrücken seinem Bro in die Augen hustet. Darüber hängt ein motivierendes Schild mit der Aufschrift „ZERFICK deinen Körper". Auf den dutzenden TV-Bildschirmen zeigt man lustige Sportvideos von 13-jährigen mexikanischen Surfern, die sich für sieben Dollar für Red Bull lachend in einen Vulkan stürzen und, sich mit High five ins Jenseits verabschiedend, verkohlen.

„Natürlich bin ich da jetzt erleichtert", erklärt auch Kundin Silvia (21) aus Hietzing, die vier Mal pro Woche nach ihrem PR-Job ins Fitnesscenter geht, um ihr vierstündiges Workout abzuspulen: „Zuerst dreißig Insta-Selfies beim Spiegel vor der Langhantel, dann eine Dreierserie mit je zwölf TikToks beim Spiegel neben der Rudermaschine, und dann zum Abschluss noch dreißig Minuten Thigh Gap Pics für OnlyFans vorm Laufband, wo man im Hintergrund eine sieht, die urblad ist, fix 62 Kilo oder so, so ein richtig fettes, wertloses Stück Wal, haha."

## Videoaufnahmen

Bei FitInn bestätigt man die Studienergebnisse und zeigt uns Material aus der Überwachungskamera. „Hier sieht man, wie Corona einmal am 25. Februar vorbeigeschaut hat", erklärt Rezeptionist Ralf Steiner. „Aber anstatt sich über die Lüftung zu verteilen, hat es sich nur in der Kabine kurz in den Spiegel geschaut, ist dann sieben Minuten am Rad gesessen und hat auf Netflix *Ozark* geschaut." Anschließend verließ Corona das Fitnesscenter, offenbar um sich bei McDonald's zu belohnen.

**Alle Ketten sicher**

Auch andere Fitnesscenter-Ketten sind sicher. Um McFit macht Covid-19 aus Angst vor dem Publikum einen großen Bogen („Stichwort Prolo-Studenten! In so an New Balance tragenden Voikoffer bringt mi nix eini!").

Bei John Harris wähnt man sich ebenfalls in Sicherheit: „Wir halten unerwünschte Gäste wie Viren, Hunde oder Menschen aus dem Mittelstand durch eine natürliche Barriere fern", erklärt Sprecher Eugen Douglas August Ludwig Sigismund von Inzestdorfer (36) durch seine safrangegilbte Seidenmaske und zeigt grinsend auf die Preisliste, die standesgemäß nicht in Euro, sondern in Feinunzen Gold angeschrieben ist.

# Sauberer Neustart: SV Mattersburg holt Messi für 870 Millionen Euro

Foto: Die Tagespresse (M)

**Noch gestern sorgte Barcelona-Star Lionel Messi mit einem öffentlich geäußerten Wechselwunsch für Aufregung. Nun schlägt der finanzstarke burgenländische Fußballclub SV Mattersburg zu und verpflichtet den argentinischen Stürmer gegen eine Ablöse von 870 Millionen Euro.**

MATTERSBURG – „Wow, so beautiful, look, Schilf! And there, Schilf again! Wow, another Schilf! Great! Wow, this must be the Schilf-Paradise everybody talks about", staunt Messi, während er in einem Shuttle-Taxi durch das majestätische Burgenland gefahren wird. Die FC-Barcelona-Legende wirkt aufgekratzt, nervös. Für Messi beginnt heute ein neuer Lebensabschnitt. Nach einem 870-Millionen-Rekordtransfer hat er es endlich bis nach ganz oben geschafft: zum SV Mattersburg.

## Euphorie

„Ich kann es noch nicht ganz glauben", lacht Messi. „Mein Papa und mein Steuerberater haben mir schon viel von dem Verein erzählt. Man hat mir sogar das hier gegeben, unlimited", sagt er und zeigt uns eine Commerzialbank-Mattersburg-Platinum-Kreditkarte. „Und ich bekomm ein Jahresgehalt von hundert weiteren solcher Kreditkarten – pro Tag! Das ist fast zu schön, um wahr zu sein."

## Empfang

Das Taxi bleibt im Stadtzentrum stehen. Mattersburg-Mäzen Martin Pucher öffnet Messi die Tür und umarmt ihn. „Wir können alle noch viel von ihm lernen", erklärt Pucher vor Hunderten anwesenden Medienleuten aus aller Welt. „Vor allem ich persönlich. Also wie der Lionel 2007 bis 2009 Millionen Steuern hinterzogen hat und trotz Erwähnung in den Panama Papers und 21 Monaten Haftstrafe keinen Imageschaden erlitt, das hat für mich schon Vorbildwirkung."

Nach vielen Jahren beim maroden spanischen Verein FC Barcelona zeigt sich Messi von der luxuriösen Infrastrukur in Mattersburg begeistert. Ein Nobelheuriger in der Umkleidekabine, jeder Spieler bekommt seine eigene Schwanentretboot-Yacht am Neusiedlersee – Geld spielt hier keine Rolle.

„Über Geld spricht man nicht, Geld hat man nicht, kleiner Scherz", lacht der Platzwart des Clubs, der seit Langem auch als Buchhalter tätig ist. „Am Vormittag Bälle aufblasen, am Nachmittag Bilanzen, kleiner Scherz wieder, haha."

## Naturalien

Dass es heute zu ersten Missverständniss gekommen sein soll, weil der Verein die erste Rate nicht übermitteln konnte, dementiert der

Co-Trainer und Konkursverwalter des SV Mattersburg: „Es gab da nur ein kleines Problem, wir wollten die Kreditkarten ausstellen, aber da war das Internet schon zu, leider. Bis alles in geordneten Bahnen abläuft, zahlen wir Messi vorerst in Naturalien aus."

Vor etwa einer Stunde stand schließlich ein Geschenkkorb voller Uhudler, Zwetschken-Grammel-Chutney und Krautrouladen vor Messis Tür, der sein Glück kaum fassen konnte: „Wow, so this is what heaven tastes like", lacht der Fußballstar und beißt in eine Eselswurst aus Pinkafeld.

# Kurz optimistisch: „Werden Anschober bis Sommer 2021 überwunden haben"

Foto: Andy Wenzel/BKA

**Das ist eine Ansage! In seiner lange erwarteten Rede an die Nation ermutigte Bundeskanzler Sebastian Kurz die Bevölkerung zum Durchhalten, versprühte aber auch Optimismus. Er rechnet damit, dass das Land Rudi Anschober bereits im Sommer 2021 überwunden haben könnte.**

WIEN – Ernst tritt Sebastian Kurz vor die Medien und präsentiert seinen Ausblick auf die nächsten Monate. „Vor ein paar Monaten schien die Welt noch in Ordnung. Und Sie kennen mich, ich mag Ordnung, ich war schon immer ordentlich. Schon als Embryo habe ich meine kleine Fruchtblase aufgeräumt."

Der Kanzler wird wieder ernst. „Wir haben seit März mit der schlimmsten Krise in der Geschichte der Menschheit zu kämpfen", erklärt er und zeigt auf die stark ansteigende Beliebtheitskurve von Anschober. „Die Gefahr ist noch lange nicht vorbei, bleiben Sie bitte diszipliniert, halten Sie sich an das Social Distancing, bleiben Sie auf dem rechten Weg. Bald wird jeder von uns jemanden kennen, der Anschobers Charme erliegt."

## Horrormeldungen

Man merkt Kurz an, dass ihm die Situation nahegeht. „Ich weiß, es ist nicht einfach", sagt er und schluckt. „Jeden Tag neue Horrormeldungen. ‚Anschober Platz 1 im Vertrauensindex', ‚Kurz stürzt ab', ‚Blümel macht wieder den Mund auf'. Viele Familien wissen nicht, ob sie morgen noch mit dem Auto in die Arbeit fahren dürfen, oder ob die Grünen putschen und Autos verbieten und die Oma dann von einem Zivildiener auf Crack mit dem Einrad in die Notaufnahme gebracht wird. Uns alle stellt diese Lage vor schwierige Herausforderungen."

## Infektionskette nach Israel

Dann imitiert Kurz die Emotionen eines besorgten Menschen. „Wir haben leider eine Infektionskette rekonstruieren können, die von Wien bis nach Tel Aviv führt. Es gibt damit also offiziell Verbindungen zwischen Anschober und Tal Silberstein. Sie kennen mich, ich patze niemanden an, ich habe ein reines Gewissen, ich wünsche deshalb dem Herrn Anschober nur das Allerbeste, vielleicht findet er ja noch zu Gott. Kleiner Tipp: Der wohnt in Meidling."

## Optimismus

Doch Kurz bleibt optimistisch und versichert: „Bis nächsten Sommer haben wir das Problem überwunden. Führende Spin-Doktoren und Dirty-Campaigning-Professoren arbeiten bereits mit Hochdruck an einer Immunisierung gegen Anschober."

Erste Labor-Tests verliefen laut Insidern vielversprechend: „Wir befinden uns aber noch in der Phase 2 und müssen die Dosis kalibrieren, um zu schauen, was der Wähler verträgt. Drei Gerüchte über Anschobers Gesundheit pro Woche? Oder sogar fünf? Oder vielleicht gleich eine ganze erfundene Krankenakte direkt per *oe24.at* direkt ins Stammhirn injizieren?"

2. September 2020

# Ganzen Sommer nur geskatet und gekifft: Faßmanns Leistung zum Schulstart miserabel

Foto: Andy Wenzel / BKA (M)

**Trotz Corona nichts gelernt: Zwei Monate hatte Bildungsminister Heinz Faßmann Zeit, um zum Schulstart endlich einmal vorbereitet zum Unterricht zu kommen. Anstatt sich auf den anstrengenden Herbst vorzubereiten, hat er jedoch den ganzen Sommer nur geskatet und gekifft.**

WIEN – „Hey Oida, was geht, scheiß Schule, haha, skate or die, hat wer von euch Longpapers dabei?", begrüßt Faßmann die Journalisten bei der Pressekonferenz im Bildungsministerium. „Wie schnell ist der Sommer bitte vergangen? Boah, ur oag. Es heißt ja, dass man auf Acid kein Zeitgefühl hat, das kann ich nur bestätigen, haha." Aus seinen tragbaren Boxen dröhnt Camo & Krooked.

Der Bildungsminister hat seit Corona-Beginn immer größere Bildungslücken. Auf die Schule hat er keinen Bock mehr. „Für ein, zwei Minuten hab ich mir in den letzten Wochen schon gedacht, was passiert ab Herbst? Wie soll das alles weitergehen? Aber das ist echt nicht meine Aufgabe und außerdem ist meine Konzentrati…, hahahaha, habt's ihr das gerade gesehen, wie die Taube dem Typ da draußen mitten auf den Kopf geschissen hat?"

### Unvorbereitet

Kurz darauf. Der Ernst des Lebens beginnt wieder. Zornig wird Faßmann von der Schülerin Selina (14), am Eingang ihres Wiener Gymnasiums empfangen: „Fassi, Oida, du hast jetzt den ganzen Sommer Zeit gehabt zum Lernen und gewusst, dass ab Montag wieder Corona ist."

Doch „HighNz_55", wie er sich selbst auf Steam und als Tagger am Schulklo nennt, entkommt nur ein Grinser: „Was is mit dir? Wo is dein Problem? Notfalls lass dein Corona halt einfach daheim bei den Eltern."

Um dem Leistungsdruck zu entkommen, schleicht Faßmann auf den leeren Sportplatz der Schule und füllt seine Bong mit Wasser. „Alle Erwachsenen nerven mich so hart, was ist ihr Problem? Wieso kann ich nicht Skateminister sein oder Staatssekretär für Speed und Ecstasy?"

Mit roten Augen sitzt Faßmann am Sportplatz und zieht sich die weißen Fila-Socken runter. „Geiles Peckerl, oder? 1308, der Pincode fürs Lehrerzimmer." Dass er die freien Monate nicht für die Vorbereitung auf das neue Schuljahr genützt hat, bestreitet Faßmann. „Ich hab eh ur viel gelernt: Kickflip, Ollie North, Pop Shove It, der Basti hat mir sogar einen Alley-oop beigebracht, das ist, wenn du genau das Gegenteil von dem machst, wonach es eigentlich ausschaut."

### Kürzere Ferien?

Bildungsexperte Dr. Fabian Bosch fordert jetzt eine Verkürzung der Sommerferien und mehr Förderung für Problemkinder wie Faßmann: „Wir müssen uns um die kümmern, die keine Unterstützung haben, erst vor kurzem hab ich einen 38-jährigen Gymnasiasten getroffen, der hatte nicht nur keine Möglichkeit auf E-Learning, der wusste nicht mal, was ein Laptop ist."

# Welcher Bezirk wird gelb?
# Anschober moderiert neue ORF-Show
# *Corona-Ampel 6 aus 45*

Foto: ORF (M)

**Glücksritter, aufgepasst: In der neuen ORF-Show *Corona-Ampel 6 aus 45* werden ab sofort jeden Freitag die gelben Bezirke der nächsten Woche ermittelt. Moderiert wird die Sendung von Gesundheitsminister Rudolf Anschober. Das Motto: Alles ist möglich!**

WIEN – „Welcher Bezirk wird nächste Woche gelb? Ich hab leider auch keine Ahnung, fragen wir doch einfach Fortuna", lacht Anschober. 45 Kugeln liegen heute im Pott, aus denen der Minister jetzt sechs Pechvögel ziehen wird.

Überwacht wird die Ziehung nicht von einem Notar, sondern vom Jus-Studenten Sebastian Kurz (34). „Ich kann garantieren, dass die Ziehung transparent abläuft. Wir wollen vor allem die roten Cluster bekämpfen. Darum haben alle Bezirke mit SPÖ-Bürgermeistern auch eigene Spezialkugeln", erklärt er, während er mehrere Wassermelonen in den Glaszylinder hievt.

### Ziehung

Anschober drückt auf den Knopf. Die Kugeln wirbeln wild herum. „Der erste Gewinner ist … Innsbr… Moment, das war nur ein Test, die Maschine funktioniert. So, jetzt geht es los! Ojegerl, Linz, in Linz beginnt's also, die zweite Welle."

Was die gelbe Warnstufe für Linz und die anderen Bezirke konkret bedeutet, kann Anschober nicht sagen: „Bei allem Verständnis: Wissen Sie nicht, dass wir mitten in einer Pandemie stecken? Ich hab für so was grad wirklich keine Zeit, ich überleg mir das dann nach der Corona-Krise."

### Jackpot bleibt im Pott

Der Jackpot, die Farbe Rot auf der Corona-Ampel, konnte heute nicht geknackt werden und bleibt im Pott. Auf den glücklichen Gewinner wartet eine fünfjährige Schließung der Bundesgärten. „Na ja, vielleicht nächste Woche", lachen Anschober und Kurz und tätscheln liebevoll eine Wassermelone mit der Aufschrift „Wien".

# „Kann Corona übertragen": Waldviertel wehrt sich gegen 1G-Internet

Foto: T-Mobile

**Das mystische Waldviertel ist bekannt für seine nebligen Teiche, lieblichen Schlösser und brachialen Staatsverweigererkommunen. Derzeit schlägt ausgerechnet von dort der Bundesregierung heftiger Protest entgegen. In mehreren Orten formiert sich Widerstand gegen die geplante Aufstellung von 1G-Sendemasten. Der Verdacht: Diese könnten das Coronavirus verbreiten.**

WALDVIERTEL – „Was heißt, bitteschön, die Uhren ticken hier oben etwas langsamer? Ich verstehe die Frage nicht. Was ist das, eine Uhr?", fragt der Zwettler Armbrustspanner Hanselman Knarzer. Schon seit Jahrzehnten wird die infrastrukturschwache Region von der Politik im Stich gelassen. „Die großkopferten Monarchen da unten in Vindobona scheißen auf uns", schüttelt auch die Horner Geschirrflickerin Katterein Unz den Kopf.

Selbst die niederösterreichische ÖVP-Landeshauptfrau Johanna Mikl-Leitner meidet die Region: „Im Industrieviertel hol ich mir meine Steuern, im Weinviertel meinen Rausch, aber im Waldviertel nur Zecken. Nein danke, die EU-Förderung kommt sicher nicht dort rauf zu den Kupferstechern, das investier ich lieber in die geplante Erwin-Pröll-Pyramide in Hollabrunn."

**Technikoffensive**

Nun beschloss die Bundesregierung eine Technikoffensive, um der Stadtflucht entgegenzuwirken. Bis spätestens 2030 sollen vier 1G-Sendemasten im Raum Waidhofen an der Thaya installiert werden. Läuft alles nach Plan, könnte schon 2040 das erste E-Mail verschickt werden.

Doch der Protest gegen die neue Technik formiert sich. Gestern gingen in Gmünd mehr als 200 Krämersleute auf die Straße. In der Nacht brannte in Litschau ein Hundshautgerber ab. Einer der Anführer der Proteste ist der Dorfheiler und Dorfhenker Balduin vom Walde. „Wir sagen nein! Der elektrische Strom hat uns die Grippe gebracht, das fließende Wasser die Beulenpest. Und es ist immer noch nicht ganz klar, was für einen Gesundheitsschaden diese neumodischen Dinger da verursachen, die wir auf einmal alle tragen sollen", schreit Balduin und zeigt auf seine ledernen Waldviertler Schuhe.

**Positive Stimmen**

Doch während die Alteingesessenen am Internet zweifeln, gibt es auch positive Stimmen von jungen, liberal eingestellten Menschen, die den Fortschritt begrüßen. „Endlich kann ich daheim Home-office machen", freut sich etwa der Staatsbedienstete und neben-berufliche Bauernfänger Sebastian K. (34). „Modem anschließen, PowerPoint hochladen, den Rest soll der Anschober machen, haha. Aber ehrlich gesagt, weiß ich nicht, ob ich noch lang hierbleibe."

K. wird ernst und sattelt seinen Arbeitsesel für den langen Ritt gen Wien. „Ich fühl mich mit meinen liberalen Ansichten hier wie ein Fremdkörper. Viele Einheimische haben ewiggestrige Ansichten, sie glauben, Frauen gehören in den Keller. Ich trau mich im Wirtshaus oft gar nicht sagen, dass ich das eigentlich anders sehe und finde, Frauen gehören natürlich an den Herd."

POLITIK                                          10. September 2020

# Appetitlicher als Ibiza-Video: U-Ausschuss sichtet heute *Two Girls One Cup*

Foto: Roland Schlager / APA / picturedesk.com

**Das Ibiza-Video erwies sich gestern als harte Kost. Zur Erholung sichtet der U-Ausschuss des Parlaments heute ein nicht ganz so unappetitliches Video. Am Programm steht der weltbekannte Fäkalporno *Two Girls One Cup*.**

WIEN – Die Vorsitzende Doris Bures lehnt sich entspannt zurück und drückt auf Play. „Nach dem Ibiza-Video haben wir heute endlich was, wo man sich nicht gleich anspeibt." Das Video beginnt. „Okay. Und wofür brauchen die Mädels die Tasse? … aja … okay … alles klar. Aber ehrlich gesagt, nachdem ich gesehen hab, wie der Strache auf den Anstand defäkiert, schockiert mich nix mehr", sagt die SPÖ-Politikerin, gähnt und döst ruhig ein.

Es ist ein entspannter Tag im Ausschuss. Die Grüne Sigi Maurer schiebt sich interessiert die Brille auf die Nase: „Was machen die da jetzt? Die *essen* das? Sind das Aufnahmen von unseren Koalitionsverhandlungen?"

NEOS-Mandatarin Stephanie Krisper sieht gelassen zu und snackt Popcorn. „Die Auflösung von dem Video is oasch, die Qualität is oasch, der Ton is oasch, die Darstellerinnen gehen mir auch am Oasch, aber weniger am Oasch als die anderen hier, die mir mehr am Oasch gehen."

Auch der „renommierte Kot-Kenner" (Forbes) Wolfgang Sobotka nimmt interessiert Notiz. Plötzlich springt er auf und schreit mit pulsierender Halsschlagader: „Halt! Die beiden kenn ich! Das sind die Hinterleitner Susi und die Gugginger Julia vom Überwachungsvideo! I muss heim zum Haus! Mah, hoffentlich geht es den Gartenzwergen gut, ich darf gar ned drüber nachdenken." Sobotka stürmt aus dem Saal, schnappt sich noch mehrere Klopapierrollen aus der Parlamentstoilette und rast nach Hause.

**Aufregung**

Doch bei Minute 37 gibt es plötzlich Aufregung. Heinz-Christian Strache erscheint im Hintergrund und beginnt, mit den Frauen zu verhandeln. „Folgender Deal: Der Haselsteiner macht keine Pornos mehr. Ihr bekommts alle Staatsaufträge, wenn ihr meine Gegner im Wahlkampf mit einem Shitstorm überziehts – gack, gack, gack!"

Vorbei ist es im Saal mit der Entspannung. Mehrere Anwesende übergeben sich. Doris Bures rauft sich verzweifelt die Haare. „Okay,

Notbremse, Kassette raus, bevor jetzt auch noch der Gudenus irgendwo unterm Pornosofa hervorkriecht. Für morgen setzen wir was wirklich Entspanntes an und schauen Snuff-Videos von mexikanischen Drogenkartellen."

# Größter Triumph: Thiem schafft erstmals Überweisung mit Bank-Austria-Onlinebanking

Foto: Seth Wenig / AP / picturedesk.com (M)

**Nach 4:02 Stunden hat er es endlich geschafft! Dominic Thiem gelang als erstem Österreicher seit 25 Jahren eine Überweisung im Onlinebanking der Bank Austria. Für Thiem geht damit ein Traum in Erfüllung, für den er viele Jahre hart trainieren musste.**

NEW YORK – Mit den Händen im Gesicht liegt Dominic Thiem auf dem Boden und kann es noch nicht fassen: Er ist jetzt ganz oben angekommen. „Das war ein großartiges Match auf einem sehr hohen Level. Für diesen Moment hab ich die letzten Jahre alles geopfert", sagt er gelöst. Neben ihm steht sein Laptop. Der Bildschirm bestätigt: „Auftrag erfolgreich gezeichnet."

Noch Stunden später sitzt der Niederösterreicher in der Kabine und erholt sich vom Dopamin-Rausch. „Ich habe es immer noch nicht ganz realisiert", stammelt Thiem überglücklich. Immer wieder schaut er in der Auftragsmappe nach, ob es wirklich wahr ist. „Da, schwarz auf weiß: gezeichnet. Ich hab meinem Bruder die sieben Euro überwiesen, für die Schachtel Merci zum Geburtstag von der Tante, die ich ihm seit 2014 schulde."

## Hochform

Laut Trainerstab hat Thiem seit Jahren darauf hingearbeitet und war zuletzt in Hochform. „Nicht nur körperlich, auch mental. Er kannte die Schwächen des Gegners. Er wusste, er muss den TAN-Code innerhalb einer Sekunde eingeben, sonst ist es zu spät", zeigt sich Trainer Nicolás Massú stolz.

Auch der geschasste Ex-Trainer Günter Bresnik freut sich, wenn auch mit Wehmut: „Wer hat dem Dominic beigebracht, wie man eine Seite neu lädt, wie man die Netzwerkeinstellungen zurücksetzt, wie man den Laptop anschreit und vor allem wie man den Suchverlauf löscht, bevor die Eltern heimkommen? Das war ich, das ist auch mein Erfolg."

## Konkurrenz chancenlos

Wo der Österreicher gestern brillierte, warfen seine Konkurrenten bereits während des Turniers entnervt das Handtuch. Der serbische Favorit Novak Djokovic schoss wütend einen Ball auf eine Linienrichterin, nachdem er über Stunden keine Bestätigungs-SMS erhalten hatte. Superstar Rafael Nadal ist gar nicht erst gegen das Bank-Austria-Onlinebanking angetreten, er blieb zu Hause in Sicherheit, denn die Angst vor einem Virus war für ihn zu groß. Der Deutsche Alexander Zverev wiederum zog sich beim Versuch, zurück in das alte Design des Bank-Austria-Onlinebankings zu wechseln, einen Faserriss in der Großhirnrinde zu.

## Gewinn

Thiem freut sich nun über eine Trophäe sowie ein exklusives Beratungsgespräch mit seiner Kundenbetreuerin in der Filiale Wien-Landstraße, die ihm einige spannende Investmentprodukte vorstellen wird.

Der österreichische Sportprofi will sich nach dem Sieg über seinen bisher härtesten Gegner die nächsten Wochen freinehmen: „Ich muss jetzt meine Batterien aufladen und die von meinem Laptop." Doch er wäre nicht er selbst, hätte er nicht schon den nächsten Angstgegner im Visier: Er will noch in dieser Saison eine Reise durch Wien mit der WienMobil-App absolvieren.

POLITIK

15. September 2020

# Zehn Millionen Farben: Anschober ersetzt Ampel durch Corona-Farbspektrum

Foto: Dragan Tatic / BKA (M)

**Zu kompliziert, zu willkürlich, zu verwirrend: Gesundheitsminister Rudolf Anschober reagiert auf die Kritik an der Corona-Ampel und präsentiert heute das Corona-Farbspektrum. Jeder Bezirk in ganz Österreich bekommt ab sofort einen von zehn Millionen Farbtönen zugewiesen.**

WIEN – Bei einer Pressekonferenz erläutert der Minister das neue Konzept. „Hermagor, zum Beispiel, da gab es kaum Fälle, der Bezirk ist daher kiwigrün, im Gegensatz zu Villach, die Stadt ist leider nur kanariengelb", erklärt Anschober. „Aber vielleicht reicht es ja nächste Woche für limettengrün, viel Glück! Wien ist dagegen leider dandelion, wir hatten keine Wahl, wenn sich das nicht verbessert, haben wir kommende Woche granola oder sogar …", Anschober schluckt, „biscotti."

Durch das neue Farbspektrum ändern einige Städte ihre Farbe: Wels ist ab sofort cyan, Innsbruck ist eisenoxidrot, Salzburg ist amberwick, St. Valentin ist umbra, Baden ist kuchiba, und Völkermarkt ist indigo.

Was die einzelnen Farben bedeuten, will Anschober nicht festlegen. „Hier setzen wir auf Eigenverantwortung. Lassen Sie Ihrer Fantasie freien Lauf. Seien Sie ein Freigeist, leben Sie sich aus. Ich spreche ja selbst nicht von einem Corona-, sondern vom Waldorf-Farbspektrum."

In Wien sorgt die unangekündigte Umstellung für Kritik. „Wie jetzt, die Ampel ist Geschichte?", fragt Gesundheitsstadtrat Peter Hacker. „Was machen wir jetzt mit den Tausenden Corona-Ampelmännchen, die wir gestern bestellt haben und überall in der Stadt anbringen wollten?"

### Grafikdesigner eingezogen

Um alle zehn Millionen Farben richtig zuordnen zu können, werden derzeit alle Grafikdesigner von der Angewandten sowie Inneneinrichtungsberaterinnen aus der Wiener Innenstadt eingezogen.

Auch für einen möglichen Lockdown wurde vorgesorgt. Um die Grafikdesigner monatelang verpflegen zu können, hat die Stadt Wien den Sencha-Tee-Weltmarkt leergekauft und sich bei einem britischen Anbieter im Darknet mit sechs Millionen Dosen Ketamin eingedeckt.

### Kritik

Nicht gelten lässt Anschober die Kritik von Unternehmern und Veranstaltern, wonach durch den Zickzack-Kurs der Politik keine Planbarkeit gegeben sei. „Hier gibt es eine einfache Lösung: Leben Sie im Moment. Carpe diem. Weil Sitzungen der Corona-Kommission sind wie eine Pralinenschachtel: Man weiß nie, was man bekommt, und außerdem enthalten nicht wenige Alkohol."

# Nach Trump-Sager: Kurz zitiert amerikanischen Botschafter in sein Baumhaus

Foto: Depositphotos, Dragan Tatic / BKA (M)

**So nicht! Der Sager des US-Präsidenten Donald Trump, wonach Österreich aus Waldstädten besteht, sorgt in der österreichischen Hauptstadt Waldviertel-Stadt für diplomatische Verstimmung. Bundeskanzler Sebastian Kurz will die Äußerung nicht auf sich sitzen lassen. Er zitiert den amerikanischen Botschafter heute zu einer Aussprache in sein Baumhaus.**

WALDVIERTEL-STADT – „Na endlich, hello, Grüß Gott", begrüßt der Kanzler den amerikanischen Botschafter, der durchgeschwitzt und mit wunden Knien durch die Tür des Baumhauses kriecht. „Gernot, bringst du uns beiden was zu trinken?" Blümel seilt sich ab und kommt wenig später mit einem Glas Wasser aus der Regentonne zurück, in dem Hunderte Kaulquappen schwimmen.

### Schwieriges Gespräch

„Wie Sie wissen, sind mir Gespräche sehr wichtig. Was manche vielleicht noch nicht über mich wissen: Ich spreche schon, seit ich ein Kind bin. Und ja, dabei mache ich den Mund auf und zu, auch wenn das nicht allen passt, da bleibe ich hart." Der amerikanische Botschafter schaut auf die Uhr.

„Ja, es stimmt, wir stehen natürlich in Ihrer Schuld, die Alliierten haben uns damals von der schlimmsten Bedrohung der Welt befreit, unsere dunkle Vergangenheit, die große Borkenkäferplage 1945. Aber heute muss ich Tacheles mit Ihnen reden. Sie wollen doch bestimmt nicht die guten Wirtschaftsbeziehungen zu uns gefährden, wir haben Ihnen 1968 eine hochexplosive steirische Eiche exportiert", sagt Kurz und zeigt auf ein DVD-Cover von *Terminator*.

**Affront**

Der Kanzler wird ernst, schwingt sich von einem Ast herab und bleibt vor dem US-Diplomaten stehen: „Aber was Trump hier sagt, ist ein Affront! Wir leben nicht in Waldstädten. Städte sind etwas, womit wir nichts zu tun haben wollen", erklärt Kurz und pflückt sich einen Auer-Baumstamm. „Wir leben in Dörfern, Walddörfern, wie sich das für eine unzivilisierte Demokratie gehört. Sie können froh sein, dass wir ein friedliches Volk sind, Musik bitte."

Waldschrat Andreas Gabalier kommt, nur mit einem Hirschgeweih bekleidet, auf allen Vieren ins Baumhaus und beginnt, „Hulapalu" zu grunzen. Der Botschafter macht sich unter dem Tisch schon sicherheitshalber sein Fläschchen Nervengift auf.

**Kompromiss**

Der US-Botschafter bietet schließlich einen Kompromiss an: „Wie wär' das: Die USA machen weiterhin, was wir wollen, und wir scheißen einfach auf Österreich, wer bist du und wie alt bist du überhaupt, minus sieben?" Der Botschafter spuckt das Birkenblattrisotto auf den Boden und klettert davon. Kurz lächelt: „Das klingt nach einem tollen Kompromiss, vielen Dank, da habe ich für Österreich wieder die beste Lösung herausgeschlagen, schnell, macht ein Feuer und schickt die frohe Botschaft per Rauchzeichen rüber zur Redaktion der *Baum-Krone*."

**Erfolgreicher Tag**

Für Kurz geht ein weiterer Arbeitstag zu Ende. Er versperrt die Holztür mit einem Pflock und klettert an Heinz Faßmann, auf dessen Wipfel sein Baumhaus thront, zu Boden. „Ich muss noch zu einem

Regenwurm-Grillen für den Wienwahlkampf und ein paar explodierende Baumstämme segnen, die wir für den Wiederaufbau nach Moria schicken", lächelt der Kanzler und verschwindet in der Dämmerung seines Waldstaats, in dem die Welt noch in Ordnung ist.

## „Haben alles im Griff": Regierung schließt zweiten Lockdown aus

Foto: Herbert Neubauer / APA / picturedesk.com (M)

**Bloß keine Panik! Mit dieser Botschaft ging Österreichs Bundesregierung heute in die Offensive. Trotz steigender Fallzahlen im ganzen Land habe man die Corona-Krise im Griff, ein zweiter Lockdown sei so gut wie ausgeschlossen.**

WIEN – „Wie Sie alle wissen, bin ich ein ehrlicher Mensch. Erst heute Vormittag sind wem im Kanzleramt zwei Euro runtergefallen und ich hab gesagt, da ist Ihnen jetzt ein Euro runtergefallen, und aus genau diesem Grund wird es keinen zweiten Lockdown geben", begrüßt der hüstelnde Sebastian Kurz die Journalisten, von denen die meisten über 39 Grad Fieber haben. „Aber nicht wegen Corona, sondern weil wir dem Sebastian Kurz so nahe kommen dürfen", sagt ein *Kurier*-Journalist.

Dann setzt Kurz fort: „Sie können mir eines glauben: Wir haben eine stabile Situation in Österreich und stehen international im Vergleich zu zwei Tiermärkten in Wuhan und einigen Fledermausbordellen in Florida deutlich besser da."

Kurz faltet für die Kameras gekonnt die Hände, plötzlich fallen mehrere Packungen Trockengerm aus seinen Sakkotaschen. „Upps, das sind natürlich keine Hamsterkäufe, sondern nur Erbstücke von meiner lieben Tante. Die trage ich seit Jahren mit mir herum."

### Beruhigende Nachrichten

Gesundheitsminister Anschober steht neben Kurz und lächelt. Er hat noch nicht bemerkt, dass die Pressekonferenz längst begonnen hat, die Klopapierwand vor ihm versperrt ihm den Blick. Anschober murmelt verschiedene Pasta-Rezepte vor sich hin und schreibt auf WhatsApp beruhigende Nachrichten an seine Verwandten: „Geheime Infos aus dem Gesundheitsministerium! Ab Montag wird kontaktmäßig alles wieder erlaubt! ALLES! Partys, Sport, öffentliche Cosplay-Gangbangs in Altersheimen, EINFACH ALLES! Zuerst ist Wien dran, dann Restösterreich!"

Auch Kurz wirkt abgelenkt, immer wieder studiert er das Ablaufdatum der 200 Kilogramm Pasta, die aus seinen Meinl-Sackerln ragen. „Scheiße, nur bis 2022 haltbar", flüstert er zu sich selbst.

### Stabil

Endlich meldet sich Anschober zu Wort: „Die Zahlen sind gegenwärtig zwar der reinste, ärgste komplette Scheißhorror, aber wenigstens geht es aufwärts. Wir hatten auch heute 890 Mitarbeiter der Corona-Hotline, die wegen Burn-out ins Spital eingeliefert werden mussten. Aber so eine Pandemie ist für alle etwas Neues. Wir leben halt leider nicht in einer futuristischen Science-Fiction-Welt, wo man irgendeine Art App entwickeln könnte, um Kontakte zu verfolgen."

### Ernste Lage

Auch Innenminister Nehammer, der seit einigen Tagen an einem unerklärlichen Verlust seines Geruchssinns leidet und beim Frühstück die Blutwurst und das Salz aus Flüchtlingstränen nicht mehr schmecken kann, meldet sich zu Wort: „Die Lage ist ernst, aber hoffnungslos. Es wird künftig nur noch einen Grund geben, das Bett zu verlassen: zum Sterben, äh sorry, das ist das Skript für nächste Woche, hier hab ich's: Es wird keinen neuen Lockdown geben, jeder Österreicher wird sich völlig frei innerhalb seiner eigenen vier Wände bewegen dürfen."

Anschließend geht Nehammer geschwächt zu Boden und bleibt wie ein Käfer liegen. Die Goldbarren in seiner Brusttasche waren einfach zu schwer.

„Gibt es noch Fragen?", beendet Kurz die Pressekonferenz mit einer Frage an sich selbst. „Gut, eine hätte ich noch an Sie: Hat zufällig jemand noch eine Rolle Klopapier dabei oder Nudeln oder Germ, also nicht wegen eines Lockdowns oder so, haha, nein, nein, keine Sorge, aber ein paar Freunde aus Italien kommen zu Besuch am Wochenende." Der *Kurier*-Journalist wirft sein Sakko Richtung Podium. „Nimm das! Bitte, gerne! Samt, vierlagig!"

# „Wer finanziert den Scheiß?": Ludwig erleidet beim Einsammeln von Gratiszeitungen Hexenschuss

Foto: SPÖ/Facebook

**Die PR-Aktion als Müllmann der MA 48 geht nach hinten los: Michael Ludwig fällt wegen eines Hexenschusses für das Wahlkampffinale aus. Als Ursache nennt das Rathaus die unfassbaren Mengen an Gratiszeitungen, die der Wiener Bürgermeister einsammeln musste.**

WIEN – Sechs Uhr früh, Dienstbeginn. Für die Presse wirft sich Ludwig in Schale: Oranges Gewand, Stahlkappenschuhe, Handschuhe. „Und soll ma vielleicht noch ein paar kleine süße Welpen auf die Schulter legen? Für die Stammwähler aus dem Seniorenhospiz?", fragt der Bürgermeister den Fotografen. Dieser lehnt ab: „Ich glaub, die kleinen Katzen, die aus den Hosentaschen schauen, reichen."

### Riesenmengen

Ludwig hievt die ersten Tonnen in das Müllauto, zur Hälfte gefüllt mit Gratiszeitungen. „Oida, schade um die vielen Bäume. Stell dir vor, du bist a stolze, 150 Jahre alte Eiche im Wienerwald, erlebst die Monarchie, die Weltkriege, die Ära Kreisky, die Ära Michael Ludwig, und dann wirst gefällt, damit dir wer das Doppelkinn vom Fellner hochauflösend auf die Rinde druckt. I mein ernsthaft, wer zahlt des?"

Schon nach dreißig Minuten ist der Bürgermeister an seiner Belastungsgrenze angekommen. „Bist deppat! Was ist da bitte drinnen, eine Leiche?", schnauft Ludwig und versucht auf der Wagramer Straße minutenlang, eine *Kronen Zeitung* in die Mülltonne zu hieven. Er öffnet die Zeitung, entdeckt eine 68 Kilo schwere SPÖ-Wahlbeilage und schließt sie unauffällig wieder.

### Schwerstarbeit

Schauplatzwechsel: Vorgartenstraße. Ludwig trägt jetzt einen Gewichthebegürtel und trinkt Proteinspritzer, sein Kreuz schmerzt immer heftiger. Vor der U-Bahnstation weht der Wind Dutzende Gratiszeitungen über den Gehsteig.

Immerhin: Ludwig kann der Berichterstattung auch Positives abgewinnen. „Ich war vorher zu streng. Investigativer Journalismus ist schon auch wichtig für die Demokratie", sagt er und deutet auf eine mehrseitige *Heute*-Reportage mit dem Titel „Bürgermeister Ludwig:

Das Geheimnis seiner Skin Care-Routine". Ludwig studiert den Text: „Ah, Photoshop, das ist das Geheimnis."

**Fototermin**

Mittagspause. Der Bürgermeister ist am Ende. Sein Hexenschuss pocht. Er kauert am Boden. Plötzlich entdeckt er mehrere Fotografen, springt auf, umarmt einen MA-48-Kollegen und drückt ihm einen Zettel in die Hand. Der Müllmann zeigt mit dem Daumen nach oben und liest ab: „Meine Stimme hat er, weil er ist ein grader Michl." Die Kameras klicken, die Medien verschwinden wieder.

Ludwig spült ein Ibuprofen-8000 Extreme hinunter. Der Müllmannkollege kann nun offen sprechen. „Na, meine Stimme hat er sicher nicht. Die Roten hab i g'fressen. Ich hab jetzt jahrelang die FPÖ gewählt, aber Ibiza hat gezeigt, die sind alle genauso korrupt. Daher wähl ich diese neue Protestpartei, das Team Strache."

**Feierabend**

Endlich neigt sich der Arbeitstag dem Ende zu. Feierabend am Praterstern. Ludwig drückt sich ein Wärmekissen auf seinen Hexenschuss, rastet am Bahnhofsvorplatz und öffnet sich eine Bierdose. „Heast, weg damit", schreit ein Polizist und schlägt ihm die Dose aus der Hand. „Alkoholverbot!" Ludwig schüttelt den Kopf: „Alkoholverbot? Am *Praterstern*? Ham's denen komplett ins Hirn g'schissn?!"

# Dank neuer Hubschrauber: Eurofighter endlich einsatzbereit

Foto: Leonardo, Flickr (M)

**Das Bundesheer gab den Kauf von 18 neuen Hubschraubern bekannt. Das Modell AW169M des italienischen Herstellers Leonardo wird bei der Luftraumüberwachung assistieren. Dank der neuen Geräte wird der Eurofighter endlich einsatzbereit.**

ZELTWEG – Endlich ist die österreichische Luftwaffe wieder konkurrenzfähig mit Staaten wie Tuvalu, Belize oder Disneyland. In einer ersten Übung werden die Abläufe getestet. Das Worst-Case-Szenario: Ein Luftballon dringt in den heimischen Luftraum ein. „Eurofighter Ferdl Eins, bereit zum Take-off", funkt der Tower. Der Hubschrauber hebt ab und trägt den Eurofighter am Tau Richtung Ballon.

Gespannt verfolgen ranghohe Militärs am Boden die Übung. „Dass ich das noch erleben darf", sagt ein Admiral und kämpft mit den Tränen. „Das erinnert mich an die goldenen Zeiten unseres Heeres, vor zwei Wochen, als wir neue Platzpatronen für unsere Spritzpistolen bekommen haben. Wasser können wir uns ja nicht leisten."

## Schwierige Übung

Langsam nähert sich der Hubschrauber dem Ballon. Der Eurofighter-Pilot öffnet sein Cockpit, reckt eine Stecknadel hinaus, will den Luftballon zum Platzen bringen. Doch kurz darauf wird das Manöver abgebrochen: Durch das Schaukeln wurde der Pilot seekrank.

„Diesen Kampf hast du gewonnen, Ballon, aber den Krieg noch lange nicht", schreit ein Major, ballt die Faust und sieht zu, wie der Luftballon in den Wolken verschwindet. „Zum Glück war das nur eine Übung. Kaum vorzustellen, wenn mal wirklich fünf Luftballons über die Grenze kommen."

## Bombardement

Auch der offensive Luftangriff wird geübt. Ein Hubschrauber nimmt einen alten Heustadel auf einem Übungsplatz ins Visier und wirft genau darüber einen Eurofighter ab. Der 57 Millionen Euro teure Jet zerschellt zwei Meter daneben auf der Wiese. „Übung macht den Meister", lacht General Tobias Mayr und knotet einen weiteren Flieger per Seil fest. „17 Versuche haben wir noch."

## Ministerin zufrieden

ÖVP-Verteidigungsministerin Klaudia Tanner betrachtet die Eurofighter in luftiger Höhe nicht ohne Stolz und löscht ihren willhaben-Account: „Ich behalt die jetzt doch, ich hab gerade den Philippinen abgesagt, die wollten ein paar davon kaufen und sie als Kinderspielzeug für die Königsfamilie verwenden."

Kritik an der Schlagkraft der Streitkräfte lässt Tanner nicht gelten: „Egal, ob der Russe kommt oder der Amerikaner: Wir können auf alle Szenarien entsprechend antworten." Sie zeigt auf Langenscheidt-Bücher, Deutsch-Russisch sowie Deutsch-Englisch. „Sehen Sie? *Priwjet! Good day! No shoot! Can work in Steinbruch, no problem!* Das lernt auch jeder Grundwehrdiener in seiner sechswöchigen Ausbildung."

Landesverteidigung im 21. Jahrhundert: Eine Notwendigkeit, eine Herausforderung. „Aber keine, die wir scheuen", bekräftigt Tanner und enthüllt den neuen Leitspruch, auf den jede Soldatin und jeder Soldat bei der Angelobung schwören muss: „Crede in fortuna" – glaub ans Glück. Tanner lacht: „Super, oder? Bisher hatten wir ‚Carpe diem' – nutze den Tag, weil den Abend wirst wohl nicht erleben ..."

# Opernball-Absage: Lugner entwickelt binnen zwei Stunden eigenen Covid-Impfstoff

Foto: Depositphotos (M)

**Einer will die Absage des Opernballs nicht hinnehmen: Baumeister Richard Lugner. Innerhalb von nur zwei Stunden entwickelte er einen eigenen Covid-Impfstoff. Kann der Opernball jetzt doch stattfinden?**

WIEN – „Ich war auf diese Situation vorbereitet, seit im Jahr 2008 wegen dem Sushi-SARS-Ausbruch bei mir in der Lugner City fast der Ball abgesagt wurde", lächelt Lugner.

Der Baumeister fährt mit dem Lift in eine gigantische Bunkeranlage unterhalb seines Einkaufszentrums, wo sich ein maßstabsgetreuer Nachbau der Staatsoper befindet. „Für den Fall, dass das echte Gebäude durch einen Meteorit zerstört wird", so Lugner. Im neunten Untergeschoss queren wir ein Arsenal mit Tausenden Kampfrobotern. „Zur Verteidigung, sollte sich im Jahr 2040 eine künstliche Intelligenz auflehnen und die Staatsoper bedrohen."

### Hochsicherheitslabor

Schließlich finden wir uns im 18. Untergeschoss zwischen einem 1-Euro-Shop und einem 1-Euro-Handyshop in einem Hochsicherheitslabor wieder. „Hier kann ich im Falle einer Ball-Absage wegen einer globalen Pandemie binnen Stunden einen Impfstoff herstellen."

Lugner schmeißt uns ein Blatt Papier mit einer Impfstoff-Rezeptur hin. „Da, bitte schön, gern geschehen, Corona ist vorbei. Und jetzt Schluss mit dem Unfug, alles Walzer! Wo is die Zebra oder die Fledermausi oder wie auch immer meine Aktuelle heißt."

Lugner zieht sein Hemd hoch und lässt sich zwei Spritzen geben. Eine gegen Covid-19 und ein experimentelles Botox-RNA-Vakzin, das den Alterungsprozess umkehrt. „Es wirkt so gut, ich bin seit einer Woche wieder im Stimmbruch", krächzt Lugner.

### Superkräfte

Aber wie konnte „Mörtel" in kürzester Zeit schaffen, woran sich internationale Forscher seit Monaten die Zähne ausbeißen? „Das menschliche Gehirn ist zu unglaublichen Leistungen fähig, wenn es in Panik verfällt", weiß Psychologe Andreas Reiterer.

„Die Aussicht, heuer nicht in den Seitenblicken zu sein, hat bei Lugner ungeahnte intellektuelle Kapazitäten aktiviert. Er beherrscht sogar die Fähigkeit der Telekinese und kann nur durch Gedankenkraft viel zu junge Frauen in sein Büro schweben lassen. Er ist der Stephen Hawking des Sexismus."

### Jubel

Die Nachricht vom Ende der Pandemie sorgt bei den anderen Gästen des Opernballs für Euphorie. „So ein Glück!", lacht der WKO-Präsident, anerkannte Polymath und gefeierte Philanthrop Harald Mahrer. „Und ich hab schon gedacht, ich muss das Geld für die Opernballlogen heuer stattdessen für unsere Mitglieder verschwenden und die 5000 Champagnerflaschen aus der Loge beim AMS anmelden."

### Welt dankt Lugner

In einer Ansprache in New York bedankt sich UN-Generalsekretär António Guterres im Namen aller Länder bei Lugner für sein Verdienst um die Menschheit. „El Mörtél, wir stehen tief in Ihrer Schuld. Wie können wir Ihnen das jemals danken? Sie können alles haben, was Sie wollen", richtet er am Podium aus. Lugner überlegt kurz. „Hm, vielleicht benennen Sie eine Straße in Manhattan nach mir? Oder na, wartets, i wü die Freiheitsstatue als Opernballgast, die hat ordentliche Tepf."

# „Fast so sicher wie Kondom": Durex präsentiert Gemächtsvisier

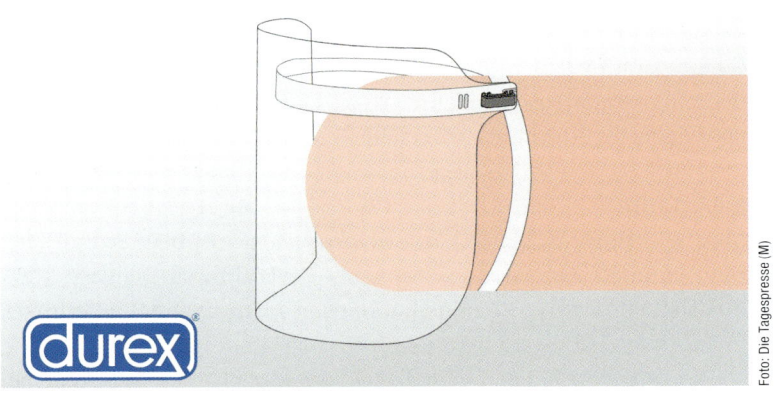

Foto: Die Tagespresse (M)

**Unangenehm, freiheitsberaubend, demokratiefeindlich: So empfinden viele querdenkende Österreicher das konventionelle Kondom. Das neue Gemächtsvisier aus dem Hause Durex sorgt für Abhilfe. Der Träger spürt das Plexiglasschild kaum, es soll aber denselben Schutz vor Krankheitsübertragung und Schwangerschaft bieten wie ein Kondom.**

WIEN – Das Visier wird per Gummizug an der Eichel fixiert, sämtliche Flüssigkeiten bleiben am Schild haften. „In der Theorie", erklärt Durex-Produktleiter Stefan Kammerer mit errötendem Kopf. „Also, jedenfalls in unserer Computersimulation … äh, Animation, also in dieser PowerPoint. Wenn man in einem ganz geraden Strahl da, also dann hält das kleine Schild das, na ja, noch Fragen? Bitte nicht!"

Durex reagiert endlich auf vielfachen Kundenwunsch. „Tausende Menschen haben uns täglich mit Anrufen bombardiert, und jetzt haben wir halt das Dickshield in einem kleinen Testmarkt umgesetzt, in Österreich ist es eh schon wurscht. Viel Glück und Gott schütze euch!"

## Nutzer begeistert

Erstnutzer zeigen sich zufrieden. „Eine super Sache. Endlich nicht mehr diesen Penismaulkorb da unten", sagt Roman L. (39) Biologielehrer aus Wien, während er in der U-Bahn in sein Faceshield niest. Ein vor ihm sitzender Greis trocknet sich drei Stationen lang das Gesicht ab. „Is nur a normale eitrige Angina, ka Sorge, i hab a Attest, da schau!" Roman zückt einen Persönlichkeitstest aus der *Sonntags-Krone* zum Thema: „Welche Disneyprinzessin bist du?" Er nickt ernst: „I bin die Arielle, i kann ka Maske tragen, des is schlecht für meine Kiemen."

Seine Freundin Claudia R. (40) ebenfalls Biologielehrerin, zeigt sich weniger begeistert. „Mir ist bei der Sache irgendwie schlecht. Also, mir ist seit gestern wirklich schlecht, Schatzi, gehma am Heimweg noch bei der Apotheke vorbei? Muss was holen. Außerdem müssen wir zum Billa, wir brauchen noch so in Schokolade getunkte Essiggurkerl."

Roman L. lächelt und rückt sein ein Zentimeter großes Faceshield zurecht, das kurz verrutscht ist: „Natürlich, Schatzi." Es ist das Lächeln eines entspannten, freien Mannes ohne Sorgen.

## Überzeugender Pearl-Index

Das neue Gemächtsvisier hat derzeit laut einer groß angelegten internationalen Fick-Studie der Harvard-Universität einen Pearl-Index von 86. Das bedeutet, wenn die Partner von hundert Frauen ein Jahr lang mit dem Gemächtsvisier verhüten, treten in nur 86 Fällen Schwangerschaften auf. Damit ist das Dickshield nur einen Hauch weniger effektiv als die in Österreich gängigste Verhütungsmethode „Keine Verhütung passt scho, vier Bier und zehn Klopfer no bitte" (Pearl-Index: 85).

# „Uns entkommt keiner": Wirecard-Betrüger Marsalek von jö Bonus Club aufgespürt

Foto: Polizei München (M)

**Gefakte Fluchtroute, falsche Pässe und russische Geheimdienstkontakte: Bis heute gelang es dem Ex-Wirecard-COO Jan Marsalek, erfolgreich unterzutauchen. Doch mit einem Player hat er nicht gerechnet: Der jö Bonus Club spürte den international gesuchten Betrüger in einem Anwesen bei Moskau auf.**

RUSSLAND – Fünf Uhr früh in einem Vorort westlich von Moskau. Uniformierte klettern über einen drei Meter hohen Zaun und schleichen auf eine Villa zu. Plötzlich Explosionen, Geschrei, Schüsse. „Das Spiel ist aus, jö-Bonus-Club-Mitglied Nummer 09382324, oder soll ich lieber sagen: Herr Marsalek!", schreit einer von ihnen aus einem Hubschrauber.

„Ihr Briefkasten ist chancenlos! Lassen Sie uns die neuesten Sonderangebote für alle jö-Bonus-Club-Mitglieder zustellen, dann wird niemand verletzt. Speisekartoffeln festkochend jetzt nur mehr 2,99 das Kilo! Am Freitag minus 25 Prozent auf Bier! Babywochen bei BIPA, du Mädchen!"

Jan Marsalek öffnet geschockt die Tür und geht sofort unter den 18 Kilo Werbeprospekten zu Boden. Game over. „Aber das war es wert", seufzt Marsalek und blickt auf einen Billa-Prospekt. „Ein Leben in Freiheit oder Clever-Mignonschnitten im Sonderangebot? Man muss Prioritäten setzen."

## Internationaler Jubel

Schneller als allen ausländischen Geheimdiensten gelang es dem jö Bonus Club, den mutmaßlichen Wirecard-Betrüger aufzuspüren. Die deutsche Kanzlerin Angela Merkel bedankte sich persönlich. „Wir haben alles probiert, Fahndungsplakate in jeder Zeitung und in jedem Bahnhof. Marsalek hat sechs Pässe, mehrere Hundert Millionen in Bitcoins und die Unterstützung durch den russischen Geheimdienst. Aber mit dem jö Bonus Club hat er nicht gerechnet. Heute ist ein guter Tag für Deutschland."

## Straffe Organisation

jö Customer Relations Manager Peter Atzmüller schaut aus dem Fenster seines großzügigen Büros und überblickt ernst den Stephansplatz. „Uns entkommt keiner, wir finden jeden." Er streichelt die weiße Katze auf seinem Schoß. „Sie glauben, ihre ‚Bitte keine Werbung'-Aufkleber können uns stoppen. Sie glauben, wenn sie aus München flüchten, ihre Einreise auf den Philippinen faken und dann in Russland untertauchen, finden wir sie nicht. Aber sie wissen nicht …", er zieht an einer Zigarre, „… dass wir zu allem fähig sind." Aus der Ecke hören wir das Laden eines Revolvers. Kurz darauf huscht der Schatten des Hausverstandes vorbei.

Atzmüller führt uns durch ein REWE-Ausbildungslager. Junge Männer treten einer Puppe in die Magengrube. „Hier üben unsere Agenten gerade das korrekte Verhalten bei einem Datenauskunftsbegehren gemäß DSGVO", erzählt Atzmüller. In einem Käfig wartet Werbe-Testimonial Robert Palfrader mit leeren Augen auf den nächsten Drehtermin.

Für den österreichischen Geheimdienst jö Bonus Club war es nicht der erste Fahndungserfolg. „Im Jahr 2011 gelang es uns, durch die Auswertung von Bankomatdaten den Aufenthaltsort von Muammar al-Gaddafi herauszufinden." Der Ex-Diktator kam ins Visier, als er beim BIPA in Sirte ein „Head & Shoulders Curly Hair" kaufte.

### Ungläubig

Marsalek selbst kann es noch nicht ganz glauben. Er nimmt seine blonde Echthaarperücke ab, kratzt sich auf der Glatze und zündet sich zitternd eine Zigarette an. „Wenn Sie schon da sind, darf ich Ihnen vielleicht einen russischen Tee anbieten? Ich hab da ein Geheimrezept." Der Einsatzleiter der Spezialeinheit des jö Bonus Clubs beginnt zu lachen. „Netter Versuch, Marsalek, aber im Billa Birjuljowo gibt's gerade minus zehn Prozent auf ‚Willi Dungl Chai-Nowitschok'. Ich hol mir dann dort einen, um nach der Arbeit meine Nerven zu beruhigen."

# Todesursache geklärt: Ötzi versuchte tagelang, bei 1450 durchzukommen

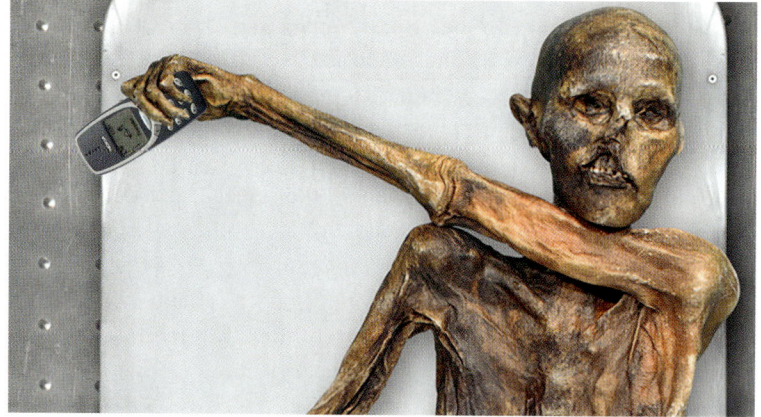

Foto: Museum Südtirol (M)

**Dreißig Jahre nach dem Fund der Gletschermumie Ötzi in den Südtiroler Alpen steht jetzt die endgültige Todesursache fest. Der Mann aus der Jungsteinzeit starb an Erschöpfung. Er soll tagelang in der Warteschleife der Gesundheitshotline 1450 festgehangen sein, ehe sein Körper entkräftet aufgab.**

INNSBRUCK – „Ötzi starb vermutlich nach 32 Tagen, aber nicht an einer Pfeilattacke, wie bisher vermutet, sondern an der sadistischen Hintergrundmusik in der Warteschleife. Sein Ohr hat zu bluten begonnen und nicht mehr aufgehört", berichtet Birgit Kirsch, Gerichtsmedizinerin der Uni Innsbruck. „Er hatte für den Anruf nur Nahrungsvorräte für lächerliche drei Wochen vorbereitet, so, als ob er beim A1-Kundenservice anrufen würde."

Noch kurz vor seinem Tod schlug Ötzi wütend sein Nokia 3310 gegen einen Felsen, wie Steinsplitter zeigen. In einer Höhle in der Nähe seines Fundorts fanden die Forscher wütende Sprüche wie „Wofür schick ich eigentlich jeden Monat zehn Muscheln nach Vindobona, Oida?!" Dann fügte er sich selbst mit einem Pfeil eine Wunde zu.

Der Ötztaler könnte sich im Winter 3359 v. Chr. in einer Aprés-Jagd-Bar im heutigen Ischgl, wo man sich sinnlos betrank und zu primitiven Steinzeitlauten wie „Hodi odi ohh di ho di eh, Hodi odi ohh di ho di eh, Hulapaluuu" tanzte, infiziert haben.

**Rätselhaft**

Psychologen rätseln, warum Menschen schon seit Jahrtausenden unter der wahnhaften Vorstellung leiden, bei 1450 durchkommen zu können. „Statistisch gesehen, ist es wahrscheinlicher, von einem Kometen erschlagen zu werden, während man gerade seinen Lotto-Sechser gemeinsam mit Ursula Stenzel bei einem Soda-Zitron feiert", erklärt Mathematiker Ottokar Rosenberger. Er selbst hängt seit Tagen in der Warteschleife und trägt überall einen Rucksack gefüllt mit Red-Bull-Dosen und einem Dieselaggregat mit sich herum, aus Angst, er oder sein Handy könnten den Geist aufgeben, bevor jemand abhebt.

**Mahnung**

Gesundheitsminister Anschober ermahnt alle Österreicher unterdessen: „Bitte rufen Sie nicht gleich wegen jeder Kleinigkeit wie 43 Grad Fieber, dem Aushusten ganzer Lungenteile oder dem Einsetzen von Totenflecken an, um die Leitungen für die wirklich Kranken offen zu halten." Als Service wurde heute auf der Website des Ministeriums eine Anleitung veröffentlicht, wie man sich zur Entlastung des Gesundheitssystems mit Hilfe eines Gardena-Gartenschlauchs und eines Luftballons selbst intubiert und beatmet.

**Politik betroffen**

Gernot Blümel, der momentan einen erfolgreichen Wahlkampf für die Wiener SPÖ betreibt, zeigte sich betroffen. „Ich bin völlig fertig, dass DJ Ötzi tot ist. Aber auch ich komme seit Tagen nicht durch", schildert er und tippt 14 Mal die Zahl 50 und danach 145 und den Buchstaben O in eine Fernbedienung ohne Batterien. Aus Frust fährt er in eine Teststraße, wo er zum Gurgeln einen Gurken-Limetten-Aperol statt Kochsalz verlangt.

Auch Bundeskanzler Sebastian Kurz meldet sich zu Wort: „Sie kennen mich, ich bin jemand, der viele Leute kennt, und auch jeder von Ihnen wird bald jemanden kennen, der bei 1450 durchkommt. Nein, Spaß beiseite, wir können nicht alle Menschen retten, das löst sonst einen Pull-Faktor aus und dann infizieren sich immer mehr mit dem Coronavirus."

# Mit Corona infiziert: Anschober schaltet Trump von Orange auf Rot

Foto: Andy Wenzel / BKA (M)

**Die Ampel-Kommission hat ein Machtwort gesprochen: Nach dem positiven Corona-Test von Donald Trump schaltet Gesundheitsminister Rudolf Anschober den US-Präsidenten von Orange auf Rot. Damit gilt für Kontakt mit Trump die höchste Risikostufe.**

WIEN – Mit Spannung wird der Auftritt von Anschober nach dem positiven Test von Donald Trump erwartet. CNN überträgt die Pressekonferenz live aus dem Gesundheitsministerium in Wien. „Wie wird die Ampel-Kommission entscheiden? Das weiß niemand, das steht in den Sternen", lacht Anschober vor der Corona-Ziehung.

Der Minister strickt sich die Ärmel auf. „Ich wünsche viel Glück, es geht los." Die Lottotrommel setzt sich in Bewegung, die Kugeln rollen. Anschober lächelt geduldig. „Und die Farbe ist … braun … weiß … nein, da springt die Kugel noch mal um: rot! Ich gratuliere allen Gewinnern."

74 Jahre lang war Trump orange. Für ihn zieht die Hochstufung auf Rot ernste Konsequenzen nach sich, erklärt Anschober: „Da können wir leider nicht nachsichtig sein. Für Fälle wie diesen hat das Gesetz die allerstrengsten Empfehlungen vorgesehen." Der Minister wird ernst. „Sollte er sich darüber hinwegsetzen, dann sehen wir keinen anderen Ausweg, als ihn ganz lieb zu bitten, das nicht mehr zu tun."

Bildungsminister Faßmann kündigte indes an, dass der US-Präsident für ihn weiterhin auf Orange stehe und somit jederzeit eine österreichische Baumschule besuchen könne.

## Wirtschaft stöhnt

Bisher stand Trump auf einer Stufe mit Innsbruck, Wien, Scheibbs, Mistelbach und Hermagor, die Einstufung auf Rot ändert nun jedoch einiges. Vor allem die österreichische Gastwirtschaft ist entsetzt. „Trump ist bei uns in jeder Wintersaison alleine für 30 000 Nächtigungen verantwortlich, das fällt jetzt alles weg", klagt der Betreiber des Laufhauses Vienna.

## Trump tobt

Der US-Präsident zeigt sich nach der Entscheidung wütend. „Das ist eine rein politische Entscheidung und keine willkürliche, wie

sie in der Politik Usus sein sollte. Wenigstens habe ich viele Glück-
wünsche und Geschenke erhalten, zum Beispiel das hier, das hat
mir ein Doktor geschickt, ein Honoris Causa Strache", sagt er und
hält ein Eigenurinamulett in die Kamera, das ihn vor noch gefähr-
licheren Krankheiten wie Grippe oder Weitsichtigkeit schützen soll.

# „Habt keine Angst!": Trump nimmt nach U6-Fahrt Maske ab

Foto: Manfred Helmer / bildstrecke.at (M)

**Ist er jetzt komplett durchgedreht? Unmittelbar nach einer Fahrt
mit der U6 nahm Trump demonstrativ seine Maske ab. In einer
Botschaft an seine Wähler appelliert er, keine Angst zu haben und
die U-Bahn-Linie nicht das eigene Leben dominieren zu lassen.
Experten sind entsetzt.**

WASHINGTON / WIEN – Schwer atmend bleibt Trump einige Momente
in der Station Alser Straße stehen. Soeben absolvierte er eine Fahrt
von der Philadelphiabrücke bis zum Gürtel. Obwohl er mutmaßlich
Hunderten Erregern ausgesetzt war, von denen viele noch nicht einmal der Wissenschaft bekannt sind, nimmt er seine Maske ab.

„Habt ... keine ... Angst! Die U6 ... ist nur so gefährlich ... wie ihr sie ... in euren Köpfen macht, lasst sie ... nicht ... dominieren", keucht Trump und hustet Blut in ein Taschentuch.

„Die dichten Kebabdämpfe ... die aggressiven Pendler ... die Dosenbier-Achselschweiß-Aerosole ... die Hundstrümmerl am Gang ... nicht schlimmer als eine kleine ... Erkältung", sagt er, lächelt gequält, fängt einen Finger auf, der ihm gerade abfiel, und schleppt sich müde in seine Limousine. Die Fahrt in der U6 hat ihn sichtlich geschwächt.

Mediziner sind nicht begeistert. „Er ist extrem unverantwortlich", meint sein Leibarzt Sean Conley. „Trump sollte die Gefahr nicht herunterspielen. Das hätte übel ausgehen können, hätte er sich nicht in Floridsdorf am Spitz mit Steroiden eingedeckt und sich dann im Waggon versehentlich auf eine betäubende Heroinspritze gesetzt."

Noch ist Trump aber nicht über den Berg. „Die nächsten Minuten sind entscheidend", mahnt Conley, „dann wird sich weisen, ob er überlebt, oder ob beim Stationsausgang schon die Schwarzkappler warten."

11. Oktober 2020

# Strache: „Das war mein McMoment"

Foto: McDonald's (M)

**Ersten Hochrechnungen zufolge scheitert das Team Strache am Einzug in den Wiener Gemeinderat. Spitzenkandidat Heinz-Christian Strache spricht in einer ersten Reaktion von seinem ganz persönlichen „McMoment" und zieht die Konsequenzen. Wir besuchen ihn an seinem neuen Arbeitsplatz.**

WIEN – Der McDonald's am Schwedenplatz ist gut besucht. Der ehemalige Politiker und jetzige Burgerbrater Strache wurde bereits eingeschult und bedient schon erste Kunden.

„Psst … du … Wenn du die *Kronen Zeitung* kaufst und mich vor der Bürgermeisterwahl von Klosterneuburg-Weidling pushst – zack, zack, zack, dann kriegst du auch den Bauauftrag für die neue Parkbank am Hauptplatz", sinniert Strache. „Ähm, danke, aber ich glaub, ich nehm nur einen Cheeseburger mit kleinen Pommes", antwortet die Kundin verunsichert. Hastig schnappt sie ihr Essen und verschwindet.

**Am Ziel**

Strache wirkt gelöst, glücklich, entspannt – wie ein Mensch, der endlich angekommen ist. „Als ich gesehen hab, wie unser Balken unten bleibt, da hab ich meine Berufung erkannt, mein Schicksal, das war mein McMoment. Das Votum zeigt: Die Menschen wünschen sich mehr echte Patrioten beim McDonald's."

Der THC-Chef zeigt sich am Griller geübt, jeder Handgriff sitzt: „Frischfleisch anbraten, Käse auftischen, geschmacklose Inhalte verkaufen, den Leuten das Geld aus der Tasche ziehen, darauf hat mich meine politische Laufbahn ja vorbereitet, das kann ich aus dem Effeff."

Unter den Kollegen wird er akzeptiert. „Klar ist es komisch, wenn plötzlich der ehemalige Vizekanzler neben dir steht und die Pommes frittiert", sagt Mitarbeiterin Claudia. „Aber da gibt's überhaupt keine Arroganz, keine Überheblichkeit, wir lassen ihn keine Sekunde spüren, dass wir was Besseres sind."

**Mitstreiter zufrieden**

Auch Parteifreund Karl Baron ist kurzfristig bei McDonald's als Reinigungskraft untergekommen. Den Austritt aus der FPÖ bereut er trotz allem nicht: „Haha, nein, wieso, mein Plan ist doch voll aufgegangen", lacht er. „Ich wollte einen Platz am Futtertrog, und den hab ich", sagt er und schiebt euphorisch Essensreste in einen großen Kübel.

# Wollen nicht erkannt werden: FPÖ-Politiker tragen erstmals Schutzmaske

Foto: Hans Leitner / First Look / picturedesk.com, Photo Simonis (M)

**Endlich ist die FPÖ zur Vernunft gekommen: Erstmals zeigten sich heute führende Parteifunktionäre in der Öffentlichkeit mit Schutzmasken. Diese sollen verhindern, dass sie nach der Wien-Wahl auf der Straße erkannt werden.**

WIEN – „Was diesen Maulkorb betrifft, vertrauen wir ganz auf die Wissenschaft", so FPÖ-Chef Norbert Hofer bei einer Pressekonferenz mit mehreren führenden Homöopathen. Durch das Tragen von Masken könne laut einer Studie der renommierten John-Gudenus-University in Simferopol das Risiko, auf der Straße erkannt zu werden, um bis zu siebzig Prozent reduziert werden.

Durch die für die ganze FPÖ geltende strenge Maskenpflicht soll ein weiterer Gesichtsverlust verhindert werden. „Die Anzahl der verlorenen Wahlen steigt exponentiell", warnt auch Herbert Kickl und steigt in eine Maske, die ihn von den Knöcheln bis zur Stirn schützt. Explizit ausgenommen von der Maskenpflicht ist nur Dominik Nepp, da ihn ohnehin niemand kennt.

Um das Wahlvolk wie bei der letzten Bundespräsidentenwahl zu umgarnen, wird Norbert Hofer derzeit zusätzlich mit dem experimentellen Wirkstoff „Tafelkreide" behandelt. „Schon bald ist sein Rachen wieder einsatzfähig für charismatische TV-Auftritte und menschelnde Menschenfeindlichkeit", freut sich Hofers Leibarzt Dr. Josef Mengele junior.

### Pharma-Deals

Sollte sich die Lage noch weiter verschlimmern und die Herdenmenschenimmunität auf unter fünf Prozent absinken, hat die FPÖ schon vorgesorgt: Sie hat sich bei den Herstellern AstraZeneca, Moderna und BioNTech für die Führungsspitze der Partei mehrere Dosen des vielversprechenden Mittels Zyankali gesichert.

### Ernste Lage im Team Strache

Noch ernster scheint das Team Strache die aktuelle Situation zu nehmen. Parteiobmann Heinz-Christian Strache bestellte heute Mittag mehrere ABC-Schutzanzüge aus China: „Ein normaler Mund-Nasen-Schutz würde bei mir nix nützen. Man erkennt mich immer noch an den Augenringen", so der ehemalige Politiker.

Strache wird derzeit im Spital behandelt, wie sein Leibarzt Dr. Worseg erklärt: „Die Intensivstation reicht aber nicht, er wurde in die Exzessivstation verlegt." Worseg zeigt in einen Raum, aus dem „I sing a Liad für di" dröhnt, Krankenschwestern Wodka-Boote servieren und John Otti in stabiler Seitenlage unter einer Bierbank liegt.

# Inhalt